XINLING MIZONG

心灵秘踪

浅论人类意识产生与进化

李赞民◎著

安徽师范大学出版社
·芜湖·

图书在版编目(CIP)数据

心灵秘踪——浅论人类意识产生与进化 / 李赞民著. —芜湖:安徽师范大学出版社,2018.6

ISBN 978-7-5676-3449-7

Ⅰ. ①心… Ⅱ. ①李… Ⅲ. ①意识起源-研究②人类进化-研究 Ⅳ. ①B016.98 ②Q981.1

中国版本图书馆CIP数据核字(2018)第057156号

心灵秘踪——浅论人类意识产生与进化　　李赞民　著

责任编辑:童　睿

装帧设计:丁奕奕

出版发行:安徽师范大学出版社

芜湖市九华南路189号安徽师范大学花津校区

网　　址:http://www.ahnupress.com/

发 行 部:0553-3883578　5910327　5910310(传真)

印　　刷:江苏凤凰数码印务有限公司

版　　次:2018年6月第1版

印　　次:2018年6月第1次印刷

规　　格:700 mm × 1000 mm　1/16

印　　张:10.5

字　　数:140千字

书　　号:ISBN 978-7-5676-3449-7

定　　价:45.00元

内容简介

我们的心灵意识从哪里来？是怎么进化来的？

本书在阐述地球上发生三个不同的进化（化学进化、生物进化和文化进化）阶段基础上，探讨人类及人类意识产生与进化的作用机制与主要特征。化学进化阶段，由物质统一性特性作用，促成生命出现；生物进化阶段，以动物基因表达方式为基础构成生命意识思维功能，通过基因遗传和社会传承的机制，并受生理统一性特性作用，促使其生物属性和社会属性进化；文化进化阶段，则由社会统一性特性作用，促成人类意识及社会文明出现和发展。

本书通过阐述和探讨人类及人类意识的产生与进化，宣传人类意识进化的科普知识，让更多的人认识和理解现代人类意识和社会意识体系的发展历程。

作者简介

李赞民，浙江余姚市人，副高级工程师，毕业于华东师范大学地理系。1970—2010年，先后在安徽池州市青阳县与芜湖市从事地方交通建设管理工作，在青阳县主要负责港航建设，在芜湖市参与负责高速公路建设管理。曾主编《芜湖市公路志》、参编《安徽公路志》，在期刊发表《动物专门性功能行为进化特征》《猿进化为人的进化作用机制思考》等文章。

序

随着时空变迁，一切事物都发生演变及进化。本书作者主要表述自然界产生生命形态的第一次空前重大进化与直至出现人类及自我意识的第二次空前重大进化的总体历程，并对进化动力作用机制问题做出自己的应答。他认为，这一切是因为各类事物具有统一性特性作用的普遍性原理。这种特性作用在各个不同进化阶段又有独有的特征。

在化学进化阶段（非生命物质形态阶段）是物质统一性特性作用，主要体现在有机大分子组织结构的物质层面具有统一性作用，既有维持结构上的平衡稳定，又有维护原来运动状态的作用。在无法维持运动状态不变的情况下，只有用另一种平衡稳定态来置换。正是这一机制构成了蛋白质新陈代谢的过程，产生了生命运动形态，形成基因遗传与进化作用机制，并在更高结构层次中使细胞结构存在方式以新的平衡稳定态替代非生命结构形态，从而出现了生命这一空前重大进化。

在生物进化阶段是生理统一性特性作用，主要表现在这种作用不但维护各类生命体的完整，还调控机体的生理及生命活动、维护动物机体生理及生命活动平衡稳定和发展。当动物进化到一定阶段，基因携带的生命信息作用方式转为动物生命意识思维功能，替代完成生理统一性特性作用。当动物进化出复杂的大脑结构及高级神经网络系统以后，在生物属性进化基础上又使社会属性得到进化，形成社会传承及实践操作性创新机制。人类的自我意识体系是在动物生物属性与社会属性进化发展基础上产生的。这是一次空前伟大的进化事件。社会文化实质上是一种社会属性的行为方式。同样，人类自我意识实质上是人类维护生存发展和更为高级的自卫防御性意识机制。

在社会文化进化阶段是社会统一性特性作用，主要表现在这种作用主导或调控人类社会机制运转及维持人类社会形态完整，并保证正常社会活动持续进行和发展，维护社会形态或社会机制结构完整，控制社会活动过程，调节各类社会活动之间的平衡发展。社会统一性特性作用还体现在社会文化与人类智慧上，随着人类社会文化与智慧进化发展，以及生产力提高，包含社会文化与智慧的社会意识体系也随之进化。这种社会意识体系替代完成社会统一性特性作用，同样遵循事物统一性特性作用原理，推动人类社会的进化。

本书作者以生物进化新理论，特别是基因遗传及社会传承的新知识、新突破，重点探讨人类意识体系生命信息作用方式及独特进化作用机制，同时突出表述自然界事物统一性特性这个固有属性的进化动力来源以及化学进化、生物进化与社会文化进化三个不同进化阶段各自特殊作用方式。这些新见解对于破解人类及人类意识由来之谜做出了探索尝试。同时，宣传人类意识体系进化科普知识与创新见解，让更多的人能认识与理解人类意识进化发展历程对于破除封建迷信思想有帮助。

综上所述，作者基于达尔文的进化论和马克思主义唯物论，探讨了人类意识来源及持续进化原因，是一本很好的人类进化科普读物。

上海师范大学原校长　杨德广

2018年2月

前　言

地球是我们人类居住的地方，是各种生命形态云集的独特星球。科学研究表明，地球上非生命物质形态演化到生命形态的化学进化历程，与生物进化历程发生许久之后，人类意识终于在社会文化进化历程中萌生。由此可知，人类意识实际上是由物质运动演化形成并以生命信息运作方式显现的特殊自然现象。

在宇宙演变过程中，正是银河系、太阳系动态性平衡运动的宏观背景维系地球生物圈的生命与人类出现这两次重大进化时空环境。因此，探索人类意识产生与进化原因，需要追溯地球演变和进化历程的宏观背景状况。地球原本没有生命，只存在各种无机物，通过长时间的地球演化，原始大气中的小分子无机物和地壳表面的一些可溶性矿物质发生化学反应，自然合成了一系列的小分子有机化合物，汇集到原始海洋中。因为物质统一性特性作用，即物质在各结构层次中自然性发生联结作用，原始海洋中的小分子有机物相互作用形成生物大分子，再进一步聚合成生物大分子体系。生物大分子体系在海水、空气等外界多种因素的综合作用下，形成一层薄膜。这种有膜的多分子体系通过物质交换获得能量，具有不断自我更新、自我繁殖的调节功能，这就是最原始的生命。生命的出现是进化历程中第一次重大的进化。

达尔文的进化论认为，生物为适应自然环境求得生存，在自然选择机制作用下促成进化。但是，现代生物进化研究显示，生物的生存和繁衍，必须适应变化的生存环境，做出适应性改变。这种适应性改变，由自然选择主导方向，并由生理统一性特性作用调控与规范结构性稳定与运动性平衡，以满足生理与生命活动以及适应性进化需求。没有自然选择，进化将失去方向；没有生理统一性特性作用的调控与规范则其形态结构、生理功能得不到平衡、稳定、发展，也无法达到适应性进化。现代基因研究新理论以及生理统一性特性在生物进化中的独特作用等内容，拓展或充实了传统的生物进化理论。

现代科学研究表明，生物发生进化实际上源于两种因素，一是因为它们为适应自然生存环境，在自然选择机制作用下选定自己进化方向；二是它们自身以基因表达方式为基础构成生命意识思维功能，通过基因遗传与社会传承的机制运作，并受生理统一性特性作用，促成它们生物属性与社会属性进化，同时由简到繁、由低等到高等及多样化的方向发生进化。高等动物出现后，学习行为能力增强，由社会传承机制发挥作用，使它们心理意识与思维功能越趋进化。

人类意识产生与进化宏观背景，则为生物发生进化与人类出现，其中人类的出现是进化历程中第二次重大的进化，其进化作用机制也是基因遗传与社会传承。人类社会文化是地球上生物属性进化到相当高级阶段发生的社会现象。人类社会文化产生与进化是促成人类意识产生与进化的重要基础。人类意识产生与进化促成人类社会文明的产生与发展，构建成人类社会意识体系思维功能，替代完成人类社会的社会统一性特性作用，满足社会组织及机体正常运作的需要，促进人类社会由原始到现代，由野蛮蒙昧状态向文明智慧方向发展。人类意识具有独特的语言文化性、社会组织性与智慧创造性，是区别于动物意识标志性特征。这些重要特征正是由类人猿本性意识进化基础上发生伟大转变后出现的，其中社会组织、语言文化则由类人猿到人的社会行为等社会属性进化达到一定程度或某个阶段时才开始出现。这种进化不仅有社会机体形态（包括机制、组织机构及社会制度等）发生进化，而且有社会意识体系向社会整体意识体系的发展。

本书浅论人类意识产生与进化，宣传辩证唯物主义思想，积极破除封建迷信和唯心主义思想，让更多的人认识和理解现代人类意识和社会意识体系的发展历程。

本书在编写与出版过程中，得到上海师范大学原校长杨德广、同济大学海洋与地球科学学院张玉兰教授、上海市科学学研究所原所长李健民，以及芜湖市科学技术协会、市交通局、市公路局、市老年协会、安徽师范大学出版社等各方的指导与帮助，还得到名誉出品人李惠强，以及应剑鸣、陈同浩、杨惠长、王世伟、吕守贵、孔新升、王荣汉等热心支持，特此深表谢意！因学识水平有限，难免有不妥之处，特请阅者多指正。

李赞民

2018年3月写于南京

目　　录

第一章 绪 论

地球生物圈各类生命形态千姿百态，人类是在这个星球生命体进化基础上出现的，同时还产生出人类意识现象。

现代科学研究认为，地球经历非生命形态的化学进化阶段、有生命的生物进化阶段和人类出现与社会文化进化的文化进化阶段。经过化学进化、生物进化、文化进化终于创造出生命与生命体包括各类动物及人类，同时动物生命意识、类人猿本性意识以及人类自我意识在生命体进化过程中形成与发展。地球上的生命从无到有，生命体由简单到复杂，特别是动物生命体由低等进化为高等，最终出现人类。这都是自然演化的结果，是大自然的恩施与馈赠。

人类意识产生与进化，和化学进化、生物进化与文化进化直接关联。化学进化产生了生命，使这个星球有生命形态；生物进化出现了人类；文化进化不仅构建了人类社会，而且使人类社会意识体系进化发展，社会文明越趋进步。研究人类意识需要突出表述它产生的宏观背景及其进化原因，明确猿为人的进化作用机制以及化学进化、生物进化与文化进化的动力来源。

第一节 人类意识产生的宏观背景

人类意识历经非生命到生命的化学进化阶段、生命出现后的生物进化阶段和人类出现后的文化进化阶段，在这三个阶段发生了生命出现、人类出现两次重大的进化事件。这是人类意识产生的宏观背景。

一、人类出现

距今约35亿~25亿年前，地球上才出现生命[①]。原始生命是在“非生命”到生命、化学进化向生物进化过程中出现的。原始生命出现初始，原核细胞持续进化，即原核细胞膜形成。距今约20亿~10亿年前原核细胞进化为真核细胞，单细胞生物向多细胞生物进化，继而发生动植物与细菌、真菌分道进化，形成一个新的生态系统。

在原核细胞进化中，发生里程碑式意义的进化是原核细胞到真核细胞，这是生命体从简单到复杂的一个重要转折点。真核细胞结构的复杂化，增强了变异性，使得真核生物向更高级的方向发展。在单细胞原生动物产生后，经过了相当长一段时间的进化，才形成多细胞动物。动物生命由单细胞动物向多细胞动物进化，结构与功能也由简单趋向复杂，低等趋向高等，动物的行为方式也随之进化。

通过对地球不同地质时代地层化石的考证，可清楚表明，动物进化呈现简单到复杂、低等到高等及多样化的总体性态势，如表1-1所示。

由于地形和气候的变化，引起森林面积逐渐缩减，出现了大片的林间空地和草原。生活环境的变迁，迫使一部分古猿下地生活，在没有锐利爪牙和强大体力的情况下，它们不得不经常使用

① 最古老的化石是单细胞微生物化石，经考证距今约为35亿年。生命的发端可能稍早于此。

表 1-1　人类出现的宏观背景及进化

地质年代		距今时间	各类生命体出现顺序	生物属性进化标志特征	人类出现的宏观背景及进化总体态势
新生代	第四纪	260万～10万年	人类	人脑，额叶皮质占总面积约三分之一	
	新近纪	2330万～260万年	古猿	猿脑，额叶皮质占比约五分之一	
	古近纪	0.65亿～2330万年	灵长类	灵长类大脑	
中生代	白垩纪	1.37亿～0.65亿年	鸟类	鸟脑（飞行）	
	侏罗纪 三叠纪	2.50亿～1.37亿年	哺乳类 爬行类	哺乳类头脑，喂乳，爬行类头脑	
古生代	二叠纪 石炭纪	3.54亿～2.50亿年	两栖类	有脑，有脊柱（两栖生活）	
	泥盆纪 志留纪	4.38亿～3.54亿年	鱼类	鱼脑，有脊椎（水中生活）	
	奥陶纪 寒武纪	5.43亿～4.38亿年	海生无脊椎类	类脑，无脊椎	
元古代	震旦纪	25亿～5.43亿年	真核生物类（多细胞动物）	无脑，无脊椎	
太古代	—	35亿～25亿年	原核生物类	初现应激性行为	

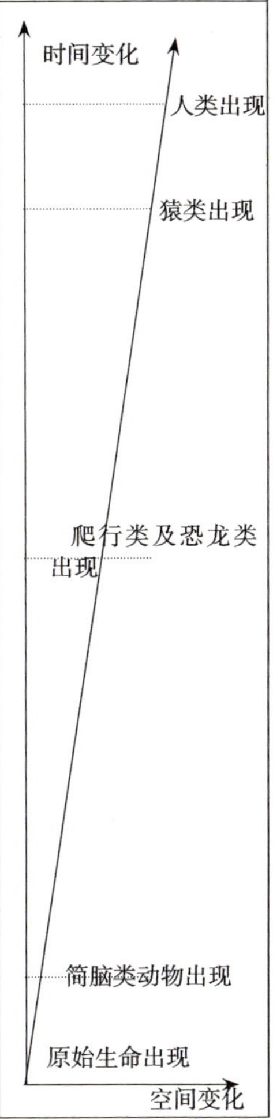

注：各个地质年代动物及人类出现，引自：蒲济林，李永嵩．地球科学概论[M]．北京：现代出版社，2016：62．

前肢抓握石头和木棒等物来抵御猛兽侵袭。经过漫长的进化，终于能够直立行走。直立行走使古猿的前肢获得解放，大脑、感觉器官以及体质结构产生了一系列变化，因其不能制造工具，被称为“正在形成中的人”。经化石考证研究表明，这个进化过程经历南方古猿—能人—直立人—智人（包括现代人）四个阶段。从南方古猿算起，猿到人过渡时期经历了二三百万年时间。在漫长的时期，在长期使用天然工具的过程中终于学会了制造工具。工具的制造意味着经过思考的有意识的活动，是从猿到人转变过程中的飞跃，它标志着从猿到人过渡时期的结束。

表1-1显示，人类的生物属性的形态结构、生理功能和先天性行为方式都是自然进化而来，这个进化过程是生命随着时空的变化而发生进化。生物属性发生的重大进化，为社会属性进化创造了生理基础，实际上也为人类意识产生提供了生理基础。

二、人类意识产生

人类起源于猿类动物，除了在生物属性的进化，还有社会文化等社会属性的进化。在社会文化进化方面，从整个生命发展史来看，是继化学进化、生物进化两次大进化后，发生的第三次大进化，如表1-2所示。

表1-2　人类意识产生的宏观背景及进化

地质年代		人类意识产生与进化
新生代	第四纪	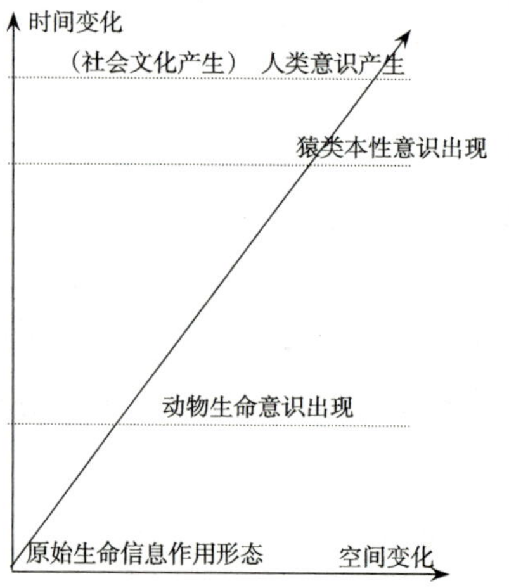
	新近纪	
	古近纪	
中生代		
古生代		
元古代		
太古代		

随着时间变化与空间变化，由原始生命信息作用形态进化为动物生命意识体系，在此基础上进化形成猿类本性意识体系。人类意识则是由猿类本性意识体系进化而来。从某种意义上说，人类意识是社会文化等社会属性进化的成果，而社会文化是建立在生物属性进化基础之上的。从生物学视角来看，人类社会文化的创造本身就是一种较为复杂的社会行为，是一种社会行为的进化。人类社会文化活动已完全不同于猿类等动物的社会行为。文化性、创造性和社会性是人类意识区别于动物意识的主要指标与内容。动物本性意识没有价值观念显现，进化为人类意识后，开始了有清晰的价值观念出现，继而通过语言和概念，才有可能表达清楚社会价值观，从而建立起牢固的原始部落社会禁忌等制约性规范，形成基本的社会价值。

在原始时期的语言文化出现并得到一定发展以后，早期人类的思维方式和意识形态产生了前所未有的巨大变化。人类意识正是在原始时期的这种人文环境中产生与进化而来的。从某种视角上看，人类是社会文化动物。

第二节　人类意识进化原因

一、进化作用机制

猿进化为人的伟大转变中，在生物属性与社会属性方面均发生重大进化。这种重大进化原因究竟是什么？依据现代生物学研究成果，基因遗传与进化机制在猿进化为人中起着基础性作用，同时社会传承与实践操作性创新机制起着重要作用。前者在生物进化阶段始终发挥其应有作用，表现在生命意识及生命信息作用方式替代完成生理统一性特性作用，满足动物生命的生理统一性需求，为人类意识产生创造了基础生理条件。后者在社会文化进化阶段充分发挥其独特的重要作用，并体现其社会统一性特性作用，推进社会属性进化。

人类意识产生与进化的两种进化作用机制各自具有独特作用，如表1–3所示。在作用方式上，前者是基因遗传物质的生命信息作用方式，后者是社会活动传、帮、带方法及生存技巧等信息传递方式。在作用范围上，前者是所有生物进化作用机制，后者却仅为动物进化到相当高级阶段（具备一定学习性行为能力）才发挥其作用的机制。在作用效应上，前者显现相似性、连续性，后者显示其模仿性、智慧创新性与社会文化性。

表1–3　人类意识产生与进化的作用机制

<table>
<tr><th colspan="2">地质年代</th><th>出现顺序</th><th>社会属性进化特征</th><th colspan="2">进化作用机制</th><th>进化阶段</th></tr>
<tr><td rowspan="3">新生代</td><td>第四纪</td><td>人类意识</td><td>语言文化与社会文明</td><td colspan="2">基因遗传与社会传承共同作用</td><td>文化进化阶段</td></tr>
<tr><td>新近纪</td><td>猿类本性意识</td><td>种群成员等级关系相处等行为习性</td><td colspan="2">基因遗传与社会传承均有作用</td><td rowspan="5">生物进化阶段</td></tr>
<tr><td>古近纪</td><td rowspan="3">动物生命意识</td><td rowspan="3">随进化程度趋高，学习行为能力趋强</td><td rowspan="4">主要为基因遗传机制作用效应</td><td rowspan="4">学习行为转强后社会传承机制开始运作</td></tr>
<tr><td colspan="2">中生代</td></tr>
<tr><td colspan="2">古生代</td></tr>
<tr><td colspan="2">元古代
太古代</td><td>原始生命信息作用形态</td><td>—</td></tr>
</table>

在表1–3中，社会传承与基因遗传两种进化作用机制列为同等重要的地位。在动物进化到相当高等阶段时，它们的生存技巧等进化成果，由基因遗传信息作用方式已无法承载而得不到遗传，因此自然选择选用社会传承延续它们生活及生存技巧等进化成果，并通过社会活动传递给下一代。这充分表明，高等动物社会属性方面的进化，基因遗传机制受到制约而必须改由社会传承机制的社会活动方式进行传承与发展。

二、事物统一性特性作用

原子是一种元素能保持其化学性质的最小单位。原子之间的相互作用，是决定分子化合与分解的主要因素。个体能够发生联结形成一个整体的原因是个体之间的相互联系，包括相互作用、相互制约、相互依赖。原子通过个体之间的联结，形成自然界中的各种化学元素。个体之间能够发生联结而形成一个整体，并不局限于原子结构层次。无机物氢、氧、碳等元素联结，形成更大的组合结构，变成脂肪、核酸、氨基酸、蛋白质、糖等有机物。这些有机物相互作用形成生物大分子。物质通过层层联结，不断地使个体形成新的统一体，最后形成自然界中的各种事物。因此，物质在各结构层次中发生的联结作用，称为统一性。

事物性质作用表现为对内和对外两个方面。对内使内部组织结构趋向平衡、稳定、合理、有序；对外坚持本身固有性质，维护整体上的完整和统一。事物的这种性质作用称为事物统一性特性作用。自然界事物统一性特性作用来源于这些事物或物质存在的特性，是一种自然界固有属性在整体上显现的功能作用。这种特性在化学、生物、文化三个不同的进化阶段各有独特的体现，如表1–4所示。

在化学进化阶段是物质统一性特性作用，它使各种物质个体之间发生相互作用，相互联结形成相互制约，而产生共性即统一性。统一性来源于组成整体的各个组成部分的个性，它的重要作用就是当新组成整体达到平衡统一后，事物具有尽量维护这种平衡与统一的结构形态。这就清楚显示，各种物质组合成一个整体并保持整体平衡与稳定的作用称为物质统一性特性作用。

表 1-4　事物统一性特性在不同进化阶段作用

类别名称	各个阶段统一性特性类别	进化阶段统一性特性含义	化学进化阶段	生物进化阶段	文化进化阶段
自然界事物统一性特性作用特征	物质统一性特性作用特征	各种物质组合成一个整体，并保持整体平衡与稳定的功能作用	物质各层次产生联结作用构成新统一体	在化学进化阶段与生物进化阶段之间，由此特性作用构成蛋白质新陈代谢过程，而产生生命运动形态	无机物与有机物等演变进化中仍存在此统一性特性作用
	生理统一性特性作用特征	维持动物生命机体完整，并保证正常生命活动的功能作用	—	此特性作用体现在生物基因遗传进化作用机制，推进生物属性方面进化，并使形态结构、生理功能与行为方式进化发展	人类生物属性进化等方面仍有此特性作用
	社会统一性特性作用特征	维持人类社会机体形态完整，并保证与调节社会活动平衡、稳定发展的功能作用	—	—	此特性作用体现在人类社会文化和社会文明进化发展

在生物进化阶段，由于生命体是特殊运动形态，它所维持的是细胞、器官和系统及机体各种生理活动的平衡。维持动物生命机体完整并保证正常生命活动的作用称为生理统一性特性作用。它的功能不仅维护动物生命体的完整，还通过基因表达信息作用方式构建生命意识以及基因遗传机制运转、控制与调节机体生理及生命活动，维护自身结构形态与运动形态平衡、稳定与发展，促成各类动物持续进化。

在人类社会文化进化阶段，是社会统一性特性作用。它总是具有对内、对外两方面的调控作用。对内维护其自身内部社会结构稳定、秩序安稳。对外具有防御自卫，维护自身完整统一。随着人类智慧及社会文化进步发展，促成社会主流意识体系产生进步与发展。这种维持人类社会机体完整，保证与调节社会活动平衡、稳定与发展的作用，称为社会统一性特性作用。

第三节　人类意识进化的特征和研究意义

一、人类意识进化的特征

现代基因遗传科学显示，动物生命体都携带基因，以生命意识及生命信息作用方式发挥遗传进化功能。动物生命意识体系替代完成自身的生理统一性特性作用，表现为基因遗传及进化作用机制。正是基因遗传及进化作用机制，在类人猿进化为人的过程中，使其形态结构、生理功能和本能性行为等生物属性进化发展。同时，社会传承进化作用机制推动它们向人类生存技巧、生存方式及社会文化等社会属性进化发展。两者共同作用促成人类及人类意识的产生。前者体现生物属性进化以及生理统一性特性作用，后者却体现在社会文化等社会属性进化以及社会统一性特性作用。

（一）人类意识由动物生命意识进化产生

基因作为遗传物质，既具有遗传功能，又具备进化功能。基因表达就是生命信息作用方式，是动物生命意识的基础。基因携带的信息，构建以信息作用方式运作的生命意识思维功能。这种生命意识思维功能包括由它分化形成的目的行为思维功能，都有独特的进化作用，推动各类动物持续进化发展。

由生命意识思维功能推进各类动物形态结构、生理功能与行为方式发生进化，而目的行为思维功能推动它们在择食行为、自卫防御行为、繁衍交配行为方面发生进化。这种进化呈现总体态势或总体进化效应由简单到复杂、低等到高等及多样化的状况。

类人猿本性意识体系是动物生命意识体系基础上进化形成

的，其生物属性和社会行为习性等社会属性均发生新进化。这种新进化是通过基因遗传、社会传承进化作用机制而发生。同时，这两种进化作用机制促进由猿类本性意识体系基础上进化形成人类意识。正是因为这两种机制以信息作用方式完成生理统一性特性作用及社会统一性特性作用，所以在猿进化为人的伟大转变中，它们生物属性与社会属性均发生重大变化。这种进化不仅体现形态体貌、生理功能与先天性行为等方面，而且在产生语言文化、出现社会组织等方面有更惊人的表现。

（二）人类意识进化作用机制与主要进化特征

基因表达促进人类形体结构、生理特征上具有直立行走的身躯体貌及独特大脑等，构建生理功能及先天性行为方式的基础。同时，社会传承机制推进早期古人类创制石器等工具，学会用火与长期用火，在食、衣、住、行方面改变生存方式，性择行为进化，以及发生语言文化进化等。这两种机制作用综合效应使猿进化为人，猿类本性意识进化为人类自我意识。

人类自我意识体系主要进化特征为自主性与主体感觉特征、主观认知事物特征、生命形态特征及时空信息特征。人的主体感觉产生主要有四种因素促成，即群体化形成群体本我意识包括本体感觉，生产劳动实践化、社会化及社会文化发展，早期萌发的财富观念等社会意识，同时由于人的身体各处遍布特殊的本体感觉器官，大脑由此感受并通过相关信息运作而产生出独有的本体感觉，并由本体感觉进化形成人的意识自主性、主体性特征。此外，主观认知事物表现三种特点：感知客观事物信息时，则按照曾有记忆及自身意愿进行选择取舍；评判客观事物时，则按照已有经验同知识与记忆结合做出反应；采取行动或行事时，则按照自身条件与主观意志判断进行处置。

（三）人类意识主体的思维功能与社会意识功能进化特征

人类以其独有的文化性、智慧性、创造性和社会性，增强自身对生存环境的适应能力，积极认识世界、改造世界。人类意识及社会意识体系都具有独特的功能作用，包括形象思维、逻辑思维、创造性思维、社会性与情感性思维。总体上说，它们都促进了社会文明的创建与发展。随着这些思维功能进化程度的提高，人类社会就越进步，人类智慧性、创造性越强，人类社会文明越显现出进步。社会意识体系是个体的自我意识主体发生联结形成的，它的功能是推进人类社会及文明的进步发展，其进化趋势将向着社会整体意识体系方向发展。

二、人类意识进化的研究意义

人类意识是人眼看不见、摸不到的生命信息作用形态，人们为此感到奥妙。长期以来，由于人们对人的心灵意识问题难以理解与认识，同时受到封建迷信思想的影响，有的人仍相信“鬼魂”“鬼神”。这都说明，积极宣传马克思主义辩证唯物论思想观念，科学认识人的心灵意识是很有必要的。只有破解迷信，才能进一步解放思想，提高人们的社会文化及文明素质，从而促进社会文明进步发展。

第二章　人类意识的产生

生命进化的历史表明，生命的出现是非生命物质受物质统一性特性作用转变成有机大分子结构，然后进入“非生命”到“生命”的自组织进化阶段，由化学演化转变到生物进化。这个阶段包括生命出现，动植物分道进化，直至高等动物进化发展，这是地球演变中空前的一次重大进化。生命出现与进化后，另一次重大进化在猿类动物出现之后发生。这就是人类与人类意识由猿类动物及其具备的本性意识中脱颖而出，即猿进化为人。

第一节　生命的出现

生命大约出现于距今35亿～25亿年前的太古代时期。距今20亿～10亿年前的元古代出现真核生物。距今5.43亿～2.50亿年前的古生代，各类低等动植物开始广布，显现出多样化与大发展，在地球生命界占了统治地位；古生代后期有颌鱼类统治海洋，昆虫类、两栖类等动物开始出现并多样发展。距今2.50亿～0.65亿年的中生代与距今0.65亿年的新生代时期，动植物的进化发展，经历中生代爬行类与恐龙类并出现鸟类，接着新生代哺乳类动物中出现类猿灵长类动物。距今2300万年前，古猿出现。距今700万～100万年前非洲的南方古猿，被认为是早期直立人。

距今440万年前出现人科灵长类的地猿，成为人类始祖，这种地猿又称阿德猿、拉密达猿人[①]，如图2-1所示。距今约20万～15万年前，晚期直立人进化为智人。距今10万～5万年前现代人类出现。

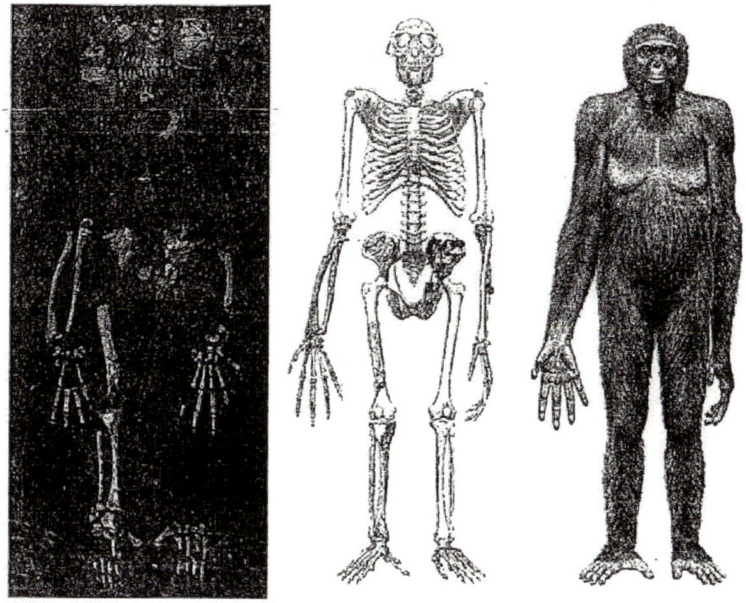

图2-1 始祖地猿图[②]

一、非生命到生命

自然物质的演变过程遵循物质统一性特性的制约与规范。这种物质统一性特性作用，使各种物质组合成一个整体，并保持整体能够处于平衡稳定状态。这是物质存在特性作用在整体上的反映或体现。正是这种物质统一性特性的作用，使太阳与其他的行星整体趋向物理平衡的运动状态。这种平衡包括自身内部的温度、密度、压力、能流、角动量等物理量的平衡及恒星天体之间

① 蒲济林，李永嵩. 地球科学概论[M]. 北京：现代出版社，2016：62.

② 引自：沈银柱，黄占景. 进化生物学[M]. 北京：高等教育出版社，2013.

吸力与斥力的平衡。地球在保持相对平衡稳定运动状态下，除了保持物理作用平衡之外，还有化学结构的平衡。化学结构也是一种平衡结构，它决定物质的存在状态。地球上的化合物，包括生命所需的各种有机物，便是这种平衡状态下的结构。

物质存在的条件，必须是一种稳态或是一种平衡态。平衡态由运动特性维持，运动特性发生改变，平衡态就会变化。平衡态是运动所做的努力，运动的目的是趋向平衡。

微观粒子中，结构最稳定的电子、质子、中微子是一种运动特性所维持的平衡与暂时稳态。这种稳态即为存在，存在就是它的寿命。原子是在静止状态下可观察到的最小物质结构。构成原子的各种微观粒子，其平衡态需要运动特性的维持。原子结构中的电子规律性运动形成各种化学键，可相互结合构成一个新的组合体，即形成一个整体，这个整体也是一个平衡稳定结构。任何一个孤立系统或体系，总是通过运动趋向一种整体平衡和稳定，如果其内部结构不稳定，必然发生分裂或衰变。发生分裂与衰变以后，使整体结构趋向一个新平衡点。物质结构最小的原子能够发生联结而形成一个新整体，并不局限于原子结构层次，任何一种存在，都具有这样的性质作用。自然界的各种事物都是物质通过层层联结，形成新的统一体逐渐形成的。物质在各层次中发生联结作用，是物质的统一性特性作用。例如，原子通过个体之间的联结，形成自然界的各种化学元素，原子之间的相互作用，决定分子化合与分解的主要因素；同样氢、氧、碳等元素联结，形成更大的组合结构，变成脂肪、核酸、氨基酸、蛋白质等有机物，这些有机物又相互作用形成生物大分子。

在35多亿年前，地球上没有任何生命，那时地球内部的物质高温分解成大量的气体，随着火山爆发喷射而出，直冲云霄。这些气体包围着原始地球，形成了原始大气圈，那时的大气成分与现在的不同，是一种没有氧气的还原性混合气体，主要由水蒸气、氮气、氢气、甲烷等组成。由于雷电闪电、火山爆发、陨石撞击，以及各种宇宙射线等，使地球成了一个巨大的“反应炉”，为无机物向有机物的转化起到了推动的作用。在这种风云骤变、变化无常的过程中，诸如氨基酸、核苷酸等低分子有机物应运而生。这种无机物向有机物的转化已由美国物理学者米勒在实验中得到实证，他已将几种无机物合成为简单的有机分子，成功地重演了几十亿年前发生的惊天动地的奇迹。随着时间推移与不断演进，这些有机分子化合物或由湖河汇集，或直接进入原始海洋，在海洋里长期积累，相互作用进而形成多分子体系。

二、生命出现及进化发展

地球上有生命的生物都是由无机物转化为有机化合物，再由有机化合物联结组合成有机物大分子及多分子体系后进化而成的，在距今35亿~25亿年前才形成原始生命体。生命起源的化学演化学说以及现代生命科学的研究分析认为，在原始大气中自然形成的大量有机物随着地球表面温度下降，与水蒸气凝结成雨点，纷纷落到地面上，流入原始海洋，并发生化学反应，生成蛋白质、核酸等高分子有机物，进一步聚合形成生物大分子体系。

英国生物学家艾根研究认为，在化学阶段与生物阶段之间应有一个生物大分子的自组织阶段。在这个阶段，生物大分子既能产生、保持与积累信息，又能选择、复制与进化，从而形成统一的细胞体结构。他还认为，在细胞体结构中，遗传密码的形成并不在于它是进化过程中唯一可进行的选择，而是因为在这个阶段形成一种超循环式组织。它一旦建立就具有永存下去的选择机制[①]。生物大分子体系在海水、空气等外界多种因素的综合作用下，形成一层薄膜。这种有膜的多分子体系通过物质交换获得能量，具有不断自我更新、自我繁殖的调节功能，这就是最原始的生命。从此，地球上出现一个从简单到复杂，从低等到高等，不断演变、不断发展、丰富多彩的生物世界。

生命自然进化出现的过程，人类想利用科学实验的方法进行模拟试验来实现。从20世纪50年代以来，各种实验取得了惊人突破。20世纪50年代，米勒通过实验合成了氨基酸。他采用消毒处理过的玻璃仪器，将装有甲烷、氨气、氢气混合形成的气体的玻璃管置于沸腾的水中。他将第二根玻璃管保持冷却状态，因而蒸气很快又转变成水。这样在沸水带动下，三种气体混合物在装置内不停地循环。关于能量供应，他认为，地球的早期阶段，雷电交加的情形很常见，于是就在实验中接通电源，通过连续不断的火花放电，模拟原始地球上频繁闪电现象，从而为合成氨基酸供应充足的能量。有了物质基础，有了能量来源，他的实验开始后，有一天发现了水变成了粉红色。随时间推移，这颜色越来越深，直到深红色。到第8天，他终于得到了合成氨基酸的期待结果。米勒的实验开创了用模拟实验方法研究生命起源的先河。

1959年，中国科学家采用类似方法，通过氰氢酸的聚合作用，人工合成了生命的另一基础物质，即核酸的成分嘌呤、嘧啶等。1961年，西班牙生物化学家奥罗将氰化钾与甲醛加入模拟的原始大气中，得到了核酸中的嘌呤、核糖与脱氧核糖。他发展了米勒的实验，将生命物质的合成向前推了一大步。在合成生命物质方面，值得一提的是中国科学家经7年努力于1965年合成牛胰岛素，经严格鉴定，它和天然的牛胰岛素完全一致，并具有生物

① 王小燕.科学思维与科学方法论[M].广州:华南理工大学出版社,2015:253.

活性。这是世界上第二次人工合成蛋白质。1981年又合成了与天然分子相同的核糖核酸。此外，美国生化学家福克斯采用干热聚合法，制成的类蛋白以及微球体，它们有点像细菌，外面包有双层界膜，通过这层界膜，微球体能够和外界进行物质交换和新陈代谢。作为原始细胞的模型物，它的人工合成，对于生命起源的探索研究起到了非常重要的作用。

原始生命是在非生命到生命、化学演化向生物演化的进化过程中出现的。最早具有生命特征的原始细胞是原核细胞。

原始生命的出现，是地球演化过程中伟大的进化事件。研究生命出现与进化，必须了解原始细胞到真核细胞，以及单细胞生物向多细胞生物进化的知识。原始细胞出现后，生命开始出现一系列的持续进化，即原核细胞膜形成，异养型生物到自养型生物，厌氧到喜氧，原核细胞到真核细胞，而后动植物与细菌、真菌分道进化，直至形成一个新的生态系统。

原始生命在演化过程中为了保证它与外界正常的物质交换，产生细胞膜，形成细胞结构的原核生物。这些原核细胞构成的原始生物一开始兼有植物与动物的特征。在海洋有机物供应处于紧张情况下，向两个方向进行分化：一个是加强光合作用的机能与器官，向完善自养方式发展，特化成为植物的一支；另一个是加强运动机能与运动器官，向摄取现成的有机物的异养方式发展，特化成为动物的一支。当单细胞原生动物出现后，一个细胞作为一个完整生命体，与多细胞动物一样，有各种生命功能，如应激性、运动、摄食、呼吸、消化、排泄以及生殖等。

古生物学者通过距今约20亿年的细菌与蓝藻化石研究发现，当时蓝藻类属于放出氧气的生物，使地球上原始大气中氧含量增加而形成含氧大气层。整个生态环境为喜氧生物提供了有利生存环境，也为此后出现的真核单细胞生物能量代谢效能提高创立基础条件。

在原始生命进化中，具有里程碑式意义的是由原核细胞到真核细胞的进化，这也是生命体从简单到复杂的一个重要转折点。真核细胞具有了核膜，整个细胞分化为细胞核、细胞质与细胞膜三部分，细胞核内具有染色体，成为遗传中心，细胞质内进行蛋白质合成，成为代谢中心。由于细胞结构的复杂化，增强了变异性，使真核生命体能够向高级方向发展，其中绿藻为最早具有真核细胞的生命体，在距今约10亿年前的古生代前寒武纪已经出现。

在单细胞原生动物出现以后，经过相当长一段时间的发展，形成多细胞动物。当时有些多细胞动物是既具有植物性又具有动物性的双重特性的动物。例如，鞭毛虫类中有一种团藻是由数千个小鞭毛虫的单细胞体汇聚而成的群体。它能自由活动，有两根鞭毛，并长着叶绿素，还有小眼点，有一定感光性。它背光的一面分化出具有很特殊的繁殖能力，可以无性生殖与有性生殖。在无性生殖时，它经多次细胞分裂而形成群体，成熟以后离开母体而独立门户，自由营生；有性生殖是背光面小鞭毛虫完成的，首先它们失去鞭毛，转化成为大配子母细胞与小配子母细胞，随后大配子母细胞形成卵子，小配子母细胞却经多次分裂而产生许多具备两根鞭毛的精子，精卵结合形成合子，合子分泌出带有棘的外壳并沉落水底休眠，直至第二年才破壳而发育成新的团藻群体。团藻的分工协作现象以及它们的繁殖方式，使我们想到，从单细胞动物向多细胞动物的进化，可能就是通过这种类似的生命活动过程，最后导致功能上和组织器官上具有严格分工的细胞产生。

动物生命由单细胞动物向多细胞动物进化开始，结构与功能由简单趋向复杂，低级趋向高级，动物的行为方式也随之进化。

生命进化包含各类动物的进化，它们进化究竟有怎样的动力机制呢？这是一个值得我们深思的重要问题。达尔文的《物种的起源》提出的进化论以及现代综合进化论的学者都主张渐变进化的观点。他们认为，生命的进化包括各类动物的进化主要动力因素是在一定生存环境下发生的变异，那些有利变异的个体，能适应环境存活下来，并繁殖后代，不适者就被淘汰。他们认为生命个体在长时间演化中，经过自然选择，其微小的变异积累为显著的变异，形成新的物种或新的亚科。这种自然选择理论只能通过累积轻微的、连续的、有益的变异而发生作用，不能产生巨大的或突然的变化。因此，自然界没有跳跃性或飞跃式的进化。

1972年，艾德里奇等人提出的新的间断平衡理论认为，新物种可以突然形成，并只能以跳跃式快速形成。新种一旦形成，就处于保守或停滞状态，直到下一次新种形成事件发生之前，它们表型上不会有明显变化。艾德里奇等人认为，进化是跳跃与停滞相间，不存在匀速、平滑、渐进的进化。同时，还认为适应进化只能发生在种群形成过程中，因为物种在其长期的稳定时期不发生表型性的进化改变。间断平衡理论可以对考古发现的化石记录做出较合理的解释。化石记录显示，在连续的地层（即连续的地质时间内）里发现的新种化石往往是突然出现的，并找不到其祖先的任何痕迹。

这些宏观视角的进化理论对生命进化种群层面及外部原因描述较详细，对内部动力因素不很明显；对物种与种群发生的进化原因说得较清楚，但对生命体全面进化的总体性动力因素及其决定性作用机制并没有说清楚。

鉴于此种情况，就有必要对生命进化根本动力因素或决定性动力机制做出深入地探讨。动物进化中，它们的生命意识体系替代完成生理统一性特性作用，满足它们生命与生理动态平衡的生理统一性需求，同时主导与调控它们形态结构、生理机能与行为方式上发生进化发展。动物形态结构、生理机能以及行为方式进化过程中，生理统一性特性起到重要作用。动物生命意识（包括猿类动物本性意识）主导与调控它们各个阶段的生命活动，其结果使动物生命体主要方面比原有进化水平都更高级也更复杂。这些都表明，动物的生理统一性特性作用是动物生命进化的主要的动力因素。

第二节　人类及人类意识的产生

在地球演化史上人类及人类意识的产生与进化又是一次重大的进化。在这次进化过程中，发生了猿进化为人的伟大转变。经古人类化石考证与现代基因检测显示，这个进化历程，经历南方古猿—能人—直立人—智人（包括现代人）等四个阶段。

距今2300万～700万年前，非洲出现森林古猿，这是人类与现代猩猩类动物共同祖先。到了距今700万～100万年前，非洲出现南方古猿，被认为是人类的最早形态，即为前人阶段。距今300万～20万年前，出现能人与直立人，则更接近现代人的外观体貌特征，但还保留不少古猿特征。距今约170万年，我国出现的元谋人为早期直立人，距今80万～50万年的北京周口店的北京人与陕西蓝田人则为旧石器时代的直立人。距今20万～5万年，出现智人，如我国新发现的河南许昌人、山西丁村人、许家窑人，可能为这个时期代表东亚地区智人的古人类。许昌人和欧洲意大利的尼安特人（距今17万～13万年前）都显示旧石器时代中期人类生物属性特征及演化一般趋势。我国北京周口店龙骨山的山顶洞人为距今约1.8万年前的晚期智人，还有距今约0.7万年前，浙江余姚市河姆渡人为新石器时代现代人，社会组织与社会文化已经开始产生。

若从人类的生物属性与社会属性这两个概念来说，猿进化为人的转变，也是动物本性意识进化成人类自我意识的重大转变。这两种意识都归属于社会属性。前者是动物社会属性，体现动物生活习性与生存智能行为能力，但这种社会属性完全不具备社会文化的特征。后者是人类社会属性，这种社会属性不仅比前者更具有智慧性、更为高明，并具有创造性的思维功能，还具有社会文化进化特征，这是有别于动物的标志性特征。

一、猿进化为人过程中生物属性的进化

人类起源于猿类动物，这个进化发展过程中体质形态、行为方式、食性繁殖等生物属性发生很多变化。

生物属性主要体现为，身体结构的改变，如前后肢分工、直立行走等方面。直立行走是为适应地面生活新生存环境的适应性改变，使前肢获得解放，而引起前后肢分工，前肢专司劳动，后肢专司行走、运动。骨骼系统比较看，人的下肢长于上肢，锁骨发达，上肢远比猿类灵活；跗骨长于趾骨，跟骨更为发达，下肢更有利于行走；人手拇指较长，抓握力增强；脊柱呈S形，使直立行走时产生弹性，减轻对脑部振动程度等；直立时髋关节与膝关节在一条直线上适于直立；人的颅腔容量大，前额宽而高，枕骨大孔位于颅底中央，使得人的头部能很自然置于直立躯干上面。这些躯体的进化改变与直立行走直接有关，如图2-2所示。

直立行走后使人的肺、声带、发音器得到发展，为语言产生提供结构基础。

图2-2　直立人躯体进化图①

脑量的变化是除直立行走以外最为重要的改变，这是增强智力的基础条件。人的脑重量平均为1 450g，超过哺乳类动物相对脑量的平均值。最重要的是，人的大脑皮层因为具有复杂的沟回结构，大大增加大脑皮层表面积，所以更加发达。

工具的使用与制造有利于人类的生存与发展，使自然界的物体可服务于人类生存。早期人类制作与使用工具进行生产活动，得到实际效用，进而不断地发展。

语言的产生和发展以及智力的强化是行为特征又一个重要转变。由于人类有发达的声带结构基础，有助于人类形成复杂的语言以传递各类复杂的信息，这是任何动物无法比拟的。人类智力随着大脑的脑量增大而强化，表明智力进化是以发达的大脑为前提的。

早期人类将杂粮素食和肉类作为食物，以杂食的食性由生食到熟食的改变，主要是使用火时发现熟食比生食更好消化，而转向了熟食的食性。他们繁殖的进化表现在给性行为赋予了繁殖以

① 引自：张振.人类六万年[M].合肥：安徽人民出版社，2013.

外的其他内容。人类的性行为已不受季节性限制，面交姿势更加有利于两性间情感交流、沟通，同时独特繁殖行为与性生理有利于维系两性的关系以及共养生长缓慢的幼体。

以上人类生物属性方面的变化充分显示，人类体质形态、行为特征比猿类动物的进化程度更为高级。但是，人的身体仍然保留一些动物原始形态特征。例如，人具有五指（趾）、尾柱、残余的盲肠（阑尾）和发达的锁骨等；人的躯体结构上仍留有整个躯干结构紧凑、四肢较长、手的抓握力很强、扁平的指甲与立体视觉等适于树栖生活的猿类动物特征。这些保留的原始形态特征与人类特有的生物属性表明，人类是由动物世界脱颖而出，跨入人类社会大门的。

二、猿进化为人过程中社会属性的进化

人类起源于猿类动物，除了生物属性的进化，还有社会文化等社会属性的进化。从整个生命发展史来看社会文化的进化，是继化学进化、生物学进化两次进化后，发生的第三次进化。社会文化是在前两次进化基础上产生的，其进化意义与化学进化、生物学进化同样重要、同样伟大。同时，社会文化进化与生物属性的进化两者相互作用，共同影响人类进化发展。

社会文化进化是直接建立在生物学进化基础之上的。只有人类在生物学进化发展到一定水平（一定的智力、产生语言、出现社会性组织等）之后，才创造出社会文化，才有可能产生社会文化的进化。从生物学视角来看，人类的社会文化的创造本身就是复杂的社会行为。人类的文化进化，从本质上讲是一种社会行为的进化。人类社会文化活动完全不同于猿类等动物的社会行为。人类的社会行为已是高级的、复杂的学习行为，不像猿类动物那

样是受先天性目的意识与本能行为意识的支配，而是改变成以语言、文字与习俗等为主要媒介进行社会传承的进化。

从信息作用层面来说，社会文化整个系统类似基因遗传信息作用的系统。基因遗传信息作用系统随着时间变化的过程是信息积累的过程，又是一个进化过程。因此，社会文化系统与基因遗传信息系统在重要特征上有许多可作类比的特点。其中，在变化来源上，前者为知识积累，而后者是基因突变；在进化动因上，前者是人类创造活动及社会生产力发展，后者是自然选择；在适应性能上，前者是社会文化的创造活动改变自然环境以适应人类社会需要，后者是改变自身结构与行为，适应其生存环境需要。

第三节　进化的背景与原因

物质演化中物质统一性特性作用推动了化学进化阶段非生命物质向生命物质的进化。生命出现与进化阶段，这种物质统一性特性转变为生理统一性特性作用推动生物进化阶段生命体由简单到复杂，由低等向高等的进化。人类与人类意识出现阶段，前两个层面的统一性特性作用的进化动力依然存在，继续推动人类生物属性的进化，同时人类社会具有的社会统一性特性作用推动人类社会属性及人类意识进化。

一、物质统一性特性作用推动物质演化

非生命物质的存在，有它的基本原则，就是平衡态。原子是保持结构平衡的最小整体，是具备物质统一性作用的最小单元。构成原子的各种微观粒子，其平衡态以运动特性维持，在高能状态才观察到它们的存在。所有非生命物体结构上的平衡

稳定状态，可能会被另一种平衡结构所置换，也有可能被另一种更加稳定的结构所替代或被外力作用破坏而寻求新的平衡稳定态。

非生命物质的个体都具有自身的独立性，这种独立性是由个体整体上的统一性作用形成。任何一个独立个体均属于更高结构层次中的一部分。个体呈现的性质受其他个体及整体上的制约。这是因为自然界本身就是相互联系的整体，任何存在都处在相互制约、相互联系、相互作用之中。个体有自身整体上的统一性，当它与其他个体、环境发生联系时，又有更高层次结构上的统一性。这也表明，作为个体自身的统一性即平衡稳定性，是由自身内部的组织结构作用所形成。一个系统、体系整体上的统一性，是各个组成部分的性质作用而形成。这就是一个物质统一性特性的第一层含义：若干个个体形成一个整体的作用，即它们之间存在某种联系或相互作用而后形成一个整体，这种特性作用称之为物质的统一性。第二层含义是指各个组成部分的性质作用，在整体上的反映。因为非生命物质的存在是一种平衡结构，是各种物理和化学作用力的平衡，如氢、氧原子各有各的性质，它们相互作用构成了水分子（H_2O）。它们形成新的结构，便具有新的性质、新的存在形式，还有新的性质作用，具有维护新的平衡结构，保持新的完整统一。第三层含义是每一个事物性质所具有的特性作用，表现为：对内，使内部结构趋向平衡、稳定、合理、有序；对外，坚持本身固有性质的作用，维护整体上完整与统一。

以上三个重要含义显示不同层面所产生的物质统一性特性作用。三个层面的特性作用本质上是相互贯通的。第一层含义是说，个性之间若有相互作用，会形成互相制约，产生共性即统一性。第二层含义是说，统一性来源于各个组成部分的个性。第三层含义是说明这种统一性特性的重要功能，那就是当一种状态达到平衡统一后，事物具有尽量维护住这种平衡、统一的状态。总的来说，使各种物质组合成一个整体并保持整体平衡与稳定的作用称为统一性特性作用。这种特性来源于物质的存在特性，是物质特性作用在整体上的反映。

这种统一性特性作用在各种不同形态中具有不同的表现形式，其中非生命物质的元素通过化学键的结合力组成各种化学物质原子、分子甚至组成物体。非生命的多分子结构组成的物体有整体上的统一性，生命体由许多有机大分子组成，同样具有类同的物质统一性特性作用。按照物质统一性特性功能的三层含义，生命物体是原子、分子以及有机大分子结构进化形成的，生命体与非生命化合物结构虽然存在有机物与无机物的区别，或者说两者在结构上差异性表现为生物性与非生物性，但是生物体同样有统一性，这是无机物质统一性在生命形态结构中的表现，否则生物体就无法以稳定平衡态存在。生物体的统一性，称为生理统一性。实际上，生命出现与进化就是物质统一性特性作用进化为生理统一性特性作用下才发生的。

以上物质统一性特性含义及其功能作用，在有机大分子组织结构的物质层面具有统一性的平衡作用，既有维持结构上的平衡稳定，又有维护原来运动状态不变的作用。在无法维持一种运动状态不变的情况下，只有用另一种平衡稳定态来置换。正是这一机制构成了蛋白质新陈代谢的过程，产生了生命运动形态，并在更高结构层次中使细胞结构存在方式以新的平衡稳定态置换与替代非生命结构形态。由此可见，非生命到生命的进化显示出物质统一性特性及生理统一性特性的功绩。

二、生理统一性特性作用推进动物进化

生命是一种特殊的运动形态，它所维持的是细胞、器官和系统、各种生理活动之间的平衡。维持动物生命机体完整并保证正常生命活动的作用称为生理统一性特性作用。生理统一性不但维护动物生命体的完整，还要控制、调节生命机体的生理及生命活动，维护生命机体生理及生命活动的平衡、稳定与发展。

（一）生理统一性调控机体三个层面

1. 分子细胞层面

细胞作为动物机体基本结构和基本生理功能单位，既表现结构上平衡、统一作用，又呈现运动性平衡统一作用。在动物的细胞中，各种脂质、蛋白质、糖类等物质表现为结构性平衡，包括自身结构平衡及相互之间的平衡。物质跨膜转运机制、离子通道、物质代谢等运动性平衡作用中，不仅有渗透压作用的平衡、正负电荷作用的平衡，而且还有离子浓度及各种物质跨膜运动的平衡。细胞层面的生理活动调节是各种平衡状态之间发生的转换。

2. 器官和系统层面

器官和系统是由细胞及结缔组织构成，具有自身特定的生理功能。器官及相关组织组成生理系统，执行机体某种生理功能。器官及生理系统的统一特性作用是维护其生理特性，使其正常发挥生理功能，同时在整体统一性作用下，调整系统内的平衡，响应整体的生理需求。器官和生理系统自身能进行调整，保持其内部功能稳定、运动平衡；器官和生理系统具备的自我调节作用，称其为“自律性”，这是它自身生理统一性作用。机体为保证生

理活动的整体平衡，对各器官与系统生理活动进行的调节称其为“中枢调节”。中枢调节分为神经调节与体液调节，控制调节的机制主要是负反馈作用，是生理统一性的一个作用机制，利用反馈信息控制生命的调定点，使生理活动维持在设定值范围内，如机体血压、体温等。对各生理活动的调节，都是生理统一性特性作用。

3. 动物机体整体层面

生理统一性由机体各个生理系统共同作用而形成。哺乳动物包括猿类以及人类，机体具有运动、消化、呼吸、循环、泌尿与生殖、神经、内分泌、感觉、免疫等复杂的系统。这里介绍循环、神经、内分泌与免疫四大系统整体层面上生理统一性特性作用。

（1）循环系统。循环系统是封闭的管道系统，包括心血管系统和淋巴管系统两部分，这里主要介绍心血管系统。它是由机体的细胞外液（如血液等）及输送管道（如血管等）组成，有心脏、血管两个部分。这个系统功能是将消化吸收的营养物质和吸入的氧气输送至各个器官组织，并将各组织的代谢物带出，经肺、肾和皮肤排出从而维持机体的新陈代谢和内环境的稳定。它还负责输送热量来保持体温，输送激素到相应器官以调节其他的功能。

（2）神经系统。神经系统是机体的功能调节系统。在这个系统直接或间接调节控制下，各器官和组织相互联系、相互影响、密切配合，使机体成为一个完整的一体，并与外界环境发生相互作用。

（3）内分泌系统。内分泌系统由内分泌腺和分布于其他器官内的内分泌细胞组成。生理统一性通过调控腺体的分泌物质

（激素）来调节机体生理平衡，控制生长发育，维持内环境稳定，并影响行为与控制生殖。机体的新陈代谢、生长发育、生殖繁衍等生命活动不但受激素的调控，还要受到神经系统的控制。激素调控和神经控制都服从生理统一性需求，是为了维护机体的生命。

（4）免疫系统。免疫系统是机体的防御性结构，由免疫器官、免疫细胞、免疫分子等组成，防御机体外来的侵蚀与维护机体生命秩序。随着生命的进化，防御机制渐趋完善。在生命的起始阶段，单细胞、多细胞动物机体具备一些特殊酶、抗微生物肽的防御性物质。高等动物大都具有物理性、化学性与生物性的三道防御屏障。物理性的是皮肤、体液、毛发或鳞甲等屏障，化学性的是体液的酸碱性、唾液、眼泪、乳汁中的酶及各种抗生素等屏障，生物性的是吞噬细胞、淋巴细胞等屏障。机体对外防御能力是生理统一性建立的功能性专业机制，是生理统一性特性作用的高级形态。

（二）生理统一性在生命体进化过程三个环节的表现

生理统一性是生命体的基本特征，并以信息作用方式对生命体进行支配及整体调控，这种作用方式称之为生命意识思维功能。

动物生命意识替代完成生理统一性是通过生命信息作用的形式来完成其作用，并满足它们生理统一性的需求，其形式已不同于它们原始阶段的直接作用。生命意识具备储存记忆功能，并具有延时性，具体表现在随着动物进化出大脑结构，并越来越复杂后，其学习与记忆力日益趋强。动物生命意识替代完成生理统一性特性作用表现为内外两方面：生命意识思维功能对内进行神经中枢调节，调控机体的生理活动；对外由它包含的目的行为思维功能引导，产生行为应答。

达尔文的进化理论认为，生命体的进化动力是遗传、变异、生存竞争与自然选择三个环节，每个环节不可缺一。这三个环节实质，都是生命体受生理统一性特性作用而发生，每一个环节显示维护生命体结构和运动的平衡、稳定与发展，以适应生存环境变化。当生存环境发生变化使生命体结构和运动处于不平衡与不稳定状态时，动物生命体发生累积的可遗传变异引起基因突变重组，其形态结构与性状及功能因此改变，并趋于新的平衡与稳定态，从而引起适应生存需要的生命体进化发展。

在遗传、变异、生存竞争与自然选择三个环节和过程中，每一个环节都体现维护生命体结构稳定与运动平衡，适应环境变化，并可看到生命体进化机制就是生理统一性特性作用不断强化的机制。

1. 遗传

遗传是生命体性状由亲代向子代传递的现象。生命体遗传作用将自身形态结构、生理特征、行为方式传给下一代，实现生命的连续性与相似性。遗传作用的特点是“稳定”与“精确”，然而遗传也会受到外界环境的影响，使生命体结构与性状发生可遗传变异与不可遗传变异。可遗传变异就是生命体基因突变、重组而产生基因结构改变。这些变异作用实际上并不是遗传原有的属性，是因为生命体都有自我维护本身结构稳定、运动平衡与自我调节的特性，是具备生理统一性特性功能的体现。因此，生命体只有外界环境改变，为了生存而重建新的结构稳定、运动平衡与自我调节功能时，才会有可遗传变异发生。可遗传变异发生新基因的组合过程，同样受到生命体生理统一性特性作用。新基因排列必须是平衡的，结构也必须是稳定的，才能正确指导生命运作，具备继续生存和遗传能力。由此可见，生命体整个遗传作用充分显示生理统一性特性作用。

2. 变异

在遗传作用过程中，可遗传变异的发生是为生存而进行新基因组合，在新的组合时也受到生理统一性特性作用。这种可遗传的变异还有另一个进化作用，就是能够积累生命体多样性资源，使生命体形态结构、生理功能与行为方式趋向复杂化，以求适应新环境。

3. 生存竞争与自然选择

竞争与选择促进生命体进化，同时规范进化方向。竞争与选择机制发生进化作用过程中是以种群为基本单位的。将这种进化作用放在整个生态环境里来看，各种群之间、个体之间，还有种群与环境之间，构建的食物链需要达到平衡，这是自然界整体生态平衡作用的要求。自然界既有竞争机制，也有包容机制，才能保证稳定的延续，使生命体得到进化。

生命体的进化，从单细胞动物到多细胞动物，从低等动物到复杂的高等动物，其每一种组织及器官以及整体上发生形态结构、生理功能和行为方式的适应性进化，都是很精巧、神奇、合理、实用的。动物的每项进化，都有明确目的，并与机体的各种组织和器官相协调，与生存环境相适应。每一种动物历经千百万年进化，一代一代遗传都有各种生命意识思维功能替代完成生理统一性特性作用，调控与主导着它们形态结构、生理功能以及行为方式上发生进化。

有些学者认为，生物进化主要是基因中性突变原因，即动物进化主要是它们种群内交配产生或引起亲代基因变异以及累积引起突变重组后才发生的。实际上，离开动物生命意识体系替代完成的生理统一性特性作用，仅靠基因中性变异及累积引起突变重组或发生“随机漂变”推进它们总体性进化，形成如今生气勃勃的动物世界及人类社会，是不合乎逻辑的，或者说是不可理解的。

三、社会统一性特性作用推进人类社会发展

人类是自我意识主体联结的社会，或者说，人类社会就是人类自我意识主体的外延。社会统一性的含义就是主导、支配或调控人类社会运转的社会意识体系及思维功能的作用方式。这种作用不仅维持人类社会形态完整，保证正常社会活动持续进行与发展，而且维护社会的结构完整、控制社会活动过程、调节社会活动的平衡与发展。

（一）人类社会统一性调控的三个层面

人类社会统一性控制和调节作用在社会成员、社会性组织与机构以及社会整体三个层面上各自显现应有作用。

1. 在社会成员层面

人类社会是由人共同组成的有机结构，每个人相当于一个细胞，扮演着自己的角色，有的如血红细胞，有的像白细胞……各种不同功能的细胞构成各种不同的社会组织，如家庭、团体型小型组织。这种人类个体、家庭、团体性小型组织是社会中的一个成员，具有自主、独立运作的基本功能，是社会活动的基本单位，能进行自主调节。

社会统一性特性在社会成员层面既表现结构性平衡与统一作用，也呈现运动性平衡与统一作用。在社会成员之间，人与人的

相互关系，是家庭直系亲属，或是亲友间的社会关系等组成状况表现为结构性平衡，关系相对稳定，包括每个社会成员自身心理平衡及相互间友好相处平衡。同时，社会成员会发生相互活动、发生沟通受阻或其他变故，通过协调与调解，取得妥协，即运动性平衡与统一。这是社会统一性所表现的结构性平衡与运动态平衡的作用。

2. 社会组织与机构层面

社会性组织与机构是指社会成员通过语言交流、意识沟通、目的互动使其相互之间发生联结，而建立起来的共同活动的集体。原始联结带有生物属性，即为获取食物、防御自卫、性的需求与繁衍等。人类出现早期，人们意识认知到生与养的亲人与亲情之时，母系氏族组织由此产生。这个层面社会统一性特性作用所显现的社会性组织与机构内部结构性平衡时，社会性组织处于稳定。当母系氏族组织社会内部分工改变，男性劳动力参加渔猎与采集成为主要生活依靠，男性开始接替女性领导权而向父系氏族社会组织过渡，直到后来，父系氏族的社会性组织替代原来的母系氏族组织，调整了原有的结构性又趋平衡、稳定，这是运动态平衡作用。。

3. 人类社会整体层面

社会统一性由各个社会性组织系统共同作用而形成。这里有必要强调指出，各个社会性组织系统具有的社会主流意识带有社会统一性特性作用。例如，在愚昧无知时期，封建迷信是在一个相当长的时期形成并延续的一种意识，这种意识左右社会行为，支配个人行为及价值取向，无法抗拒它，因为它代表大多数，维护当时封建社会的平衡与稳定，成为一种趋势。处在某个时期的人类社会，所具有整体性的社会意识体系实际上就代表着这个时期社会统一性特性作用。

（二）社会意识体系

历史事实表明，某个历史时期社会意识体系替代完成社会统一性特性作用总是具有对内对外两方面的调控作用。对内始终维护其本身的社会结构平衡稳定和发展，满足社会内部活动的统一性需求，同时主导与调控社会动态平衡稳定和发展，不至于造成社会内部秩序因动乱等原因而失控。对外具有自卫防御以及反抗外来侵略势力，维护本身的统一与安宁。例如，秦始皇统一中国，建立秦王朝初始就形成中国社会整体雏形，有了国家的统一意识。这个代表当时社会统一性的社会意识体系，实行中央集权的郡县制及统一文字、货币、度量衡等，维护刚刚建立起来的国家与社会制度，使社会处于平衡稳定和发展。同时，当时国家统一的社会意识体系也有了秦王朝这个社会实体作为自身的载体。

所谓社会意识体系替代完成社会统一性，主要体现在社会文化与人类智慧上，因此它并不是空洞的、虚渺的概念。通过社会文化与人类智慧进化发展可以看到社会意识体系随着时空变迁发生自身的进化。例如，人类社会发展到近代工业革命时代，随着人类创造发明及新技术推动工业生产发展，生产力提高，资本主义社会伴随工业革命诞生。资本主义的社会意识体系替代完成社会统一性特性作用，不仅维护资本主义社会建立初期国家机器运转的结构性平衡稳定和发展，满足当时资本主义以及国家社会活动的需求，同时对外具有扩张以及侵占国外市场及资源等行为。当时资本主义社会意识体系主要体现在自由、民主、平等及人权等新的主流文化与意识上，提倡法律面前人人平等的法治观念，人权、法治成为这种社会意识体系的重要核心内容。人类的许多重要创造发明、现代社会科技快速发展都与这个时期社会统一性特性作用，或者说与它的社会意识体系包含社会文化与人类智慧的进化发展是分不开的。

人类经历第一次、第二次世界大战以后，全世界的社会秩序处于相对平衡稳定和发展阶段，但不稳定因素依然存在。社会意识体系总体上进化态势仍朝着健康成长方向发展，特别是二战胜利后联合国的成立，使全世界社会意识体系向社会整体意识体系方向发展，世界层级的社会统一性特性作用将会日益显现出来。

四、生物圈统一性特性作用推进地球生命形态进化

生物圈是由各种生命形式的生命单元，组成平衡、稳定的近似封闭的循环系统，生命活动由系统内的物质循环与能量循环来维持。地球上任何生命个体都无法脱离生物圈层面，它是一个独立的生命系统，依赖自身的生命结构来维持活动，并保持各生命形态之间的生态平衡，生命等级越高、系统越复杂，平衡稳定度也越高。

地球生物圈维持的结构性与动态性平衡主要突出表现在以下两个方面：一是在它近似封闭的物质循环系统内，始终保持整个系统结构性平衡，在地球表层，分布有土壤、岩石表层、水圈、大气圈总体大约1万多米厚的空间范围内给微生物、植物、动物及参与系统内部循环的各种有机物和无机物提供生存空间。在这个生存空间各类生命形态以及它们环境系统维持结构性平衡稳定和发展。二是它维持一个系统性动态平衡。生物圈是一个广泛意义上的生命形态，其生命活动主要是能量流动与物质循环。它与其他生命形态一样，一方面从外界获取能量来保持活力，另一方面依靠系统内的物质循环来维持生命的新陈代谢，其所需的能量

主要来自太阳、天体引力（包括潮汐）及地球内的地热。

生物圈生命形态目前还处于成长阶段，若将它的整个生命形态及各类生命系统看作一个生命体系，那么它的生命意识实质上是人类的整体意识体系。当人类意识到生物圈是人类的母体，社会整体意识是这个生命体系的“生命意识”时，生物圈整个生命形态及生命活动就会得到健康进化发展。

生物圈各种循环运动以及机体内的生理调控，属于平衡调控，处于低级调控阶段。若人类活动对生态平衡造成大的破坏，就会无法保证生态平衡稳定和发展，人类社会作为生物圈组成部分，社会整体意识应维护它结构与动态的平衡和稳定，使它适宜居住和生存。

综上所述，物质、生理、社会与生物圈四个层面统一性与其他事物一样都源自它们存在的一种特性，这种特性与事物存在的时空信息特性一样，是一切事物固有的特性。

生命体进化程度越高级，生命体机体利用能量速度也越来越快，这是生命体生存能力得到增强的充分体现，也是生命进化过程中能量转换速率与实际效应不断提高的充分体现，说明生命进化同样体现物质能量运动方式的进化。通过物质能量运动方式这个层面，可以更好地理解包含生理与社会统一性的各类事物固有的特性。

一切事物存在特性涉及哲学理论根本问题，这种存在特性由来就牵涉整个宇宙世界本源问题。事物存在特性的作用来自事物自身质量（质量与能量相互转换）及自然界四种基本作用力（万有引力、强力、弱力与磁力）综合效应，表现为“永不满足”状态。光、电、热等物理功能存在形式呈现的是这种不满足表现，它们始终是不平衡态。物质存在形态仅仅为一种相对平衡与稳定，这是相对稳定时所呈现的特性作用。这种相对平衡与稳定除了特性作用的制约牵制力量，还有它的运动力量。平衡稳定的形态是这种特性的两种力量即制约和牵制力与运动力共同作用所维持的。在事物某个层面统一性特性的制约、牵制力量与运动力量两种力量无法维持平衡、稳定的形态时，就只有采用另一种平衡稳定态来置换与替代。一切事物总是变化发展或是永远进化不息，显现为“永不满足”状态，其实就是这种事物平衡稳定态不断发生打破原有状态，产生新的形态取得平衡稳定状态的缘故。

第三章　人类意识由动物生命意识进化产生

动物生命意识是以动物基因遗传信息为主的信息作用方式，同时这种信息作用替代完成自身生理统一性特性作用，使它们发生持续进化，使动物意识进化产生类人猿本性意识，然后又进化为人类意识。动物生命意识作用包含思维功能作用和主导生命目的行为活动的目的行为思维功能作用。无论是它的思维功能和目的行为思维功能都替代完成生理统一性作用，主导与调控动物形态结构、生理特征与各种行为方式进化发展，特别是目的行为思维功能主导动物择食行为、自卫防御和繁衍交配行为三个方面生命目的行为的进化。

第一节　基因遗传与进化作用机制

动物机体有遗传物质，记载自身的生命信息。这种可遗传并会变异的生命信息载体的基本单位是基因。为表述清楚动物生命意识，就必须了解和掌握基因遗传与进化作用机制的理论知识。

一、基因遗传功能

基因作为遗传物质，要知道它怎么发生遗传与变异作用，就需要了解它的结构。

染色体是动物机体的主要遗传物质载体，由脱氧核糖核酸（DNA）、蛋白质、少量核糖核酸（RNA）组成。每一条染色体只含有一个DNA分子，每个DNA分子上有很多基因，在染色体上呈线性排列。现代遗传学认为，基因是带有遗传信息的DNA片段。

DNA是由脱氧核糖、磷酸和含氮碱基组成，其中碱基有4种，分别是腺嘌呤（A）、鸟嘌呤（G）、胞嘧啶（C）和胸腺嘧啶（T）。DNA是一种双链聚合物，脱氧核糖与磷酸分子借由磷酸二酯键相连，组成其长链骨架，排列在外侧，4种碱基排列在内侧，通过氢键配对连接。在A与T之间可以形成两个氢键，G与C之间可以形成三个氢键，使两条多聚脱氧核苷酸（单链DNA）形成互补的双链，由于组成碱基对的两个碱基的分布不在一个平面上，氢键使碱基对沿长轴旋转一定角度，使碱基的形状像螺旋桨叶片的样子，整个DNA分子形成双螺旋缠绕状，这就是DNA的双螺旋结构，如图3-1所示。DNA在进行复制的时候链间氢键断裂，双链解旋分开，每条链作为模板在其上合成互补链，经过一系列酶的作用生成两个新的DNA。子代DNA其中的一条链来自亲代DNA，另一条链是新合成的，因此称这种方式为半保留复制。

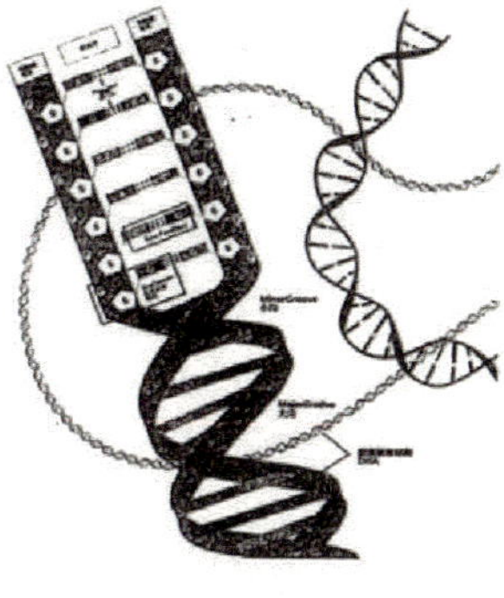

图3-1　DNA的结构示意图[①]

---

① 引自：张振．人类六万年［M］．合肥：安徽人民出版社，2013．

DNA还能以一条链为模板，以碱基互补配对原则，转录形成一条单链，即RNA。RNA是核糖核苷酸经磷酸二酯键缩合而成的长链状分子，由磷酸、核糖和碱基构成，其中碱基有4种，分别是腺嘌呤（A）、鸟嘌呤（G）、胞嘧啶（C）和尿嘧啶（U）。DNA与RNA两者的区别在单核苷酸上的核糖基团，DNA与RNA相比则脱去了一个氧原子，虽仅有这么一点改变，却使DNA的化学和物理性质比RNA更稳定。正是因为DNA更稳定，所以它被自然选择为主要遗传物质。

DNA以一条链为模板，按碱基配对的方式合成出一条RNA，同时也将遗传信息复制到RNA的过程称为转录。转录合成的RNA具有各种不同的功能，其中携带遗传信息，能指导蛋白质合成的称为信使RNA（mRNA）。以mRNA为模板，根据三联子密码的原则，将mRNA中的碱基排列顺序“解码”，生成对应的氨基酸序列，进一步合成为蛋白质的过程称为翻译。这些合成的蛋白质会参与细胞中的各种生命活动，如催化各类化学反应的酶，支持细胞结构的纤维蛋白，以及参与调控DNA的转录、RNA的翻译的各种蛋白。

遗传信息存储和表达系统有很多突出的优点，即DNA复制严格按碱基配对进行运作，以减少差错；DNA的链很长，同时记录许多不同的基因信息。基因遗传是将动物机体的形态结构、生理特征、行为方式传给下一代。基因最大的特点是稳定性，它不断复制自己，生命的连续性、相似性是通过基因遗传来实现的。

二、基因进化功能

基因最大的特点是稳定性，能在细胞分裂时精确地复制自己，但这种稳定性是相对的。

在一定的条件下基因可以从原来的存在形式突然改变成另一种新的存在形式，就是在一个位点上，突然出现了一个新基因，代替了原有基因，称为基因突变。基因突变有很多种，如DNA片段缺失、插入或者排列顺序改变等。虽然基因变异有很多变化种类，但大的变异是不多见的。因为DNA的性质比较稳定，而且有自身保护机制，如DNA聚合酶就具有校正发生变异的功能。

基因突变在自然界各物种中普遍存在，其中在基因组水平上由单个核苷酸的变异所引起的DNA序列多态性，称为单核苷酸多态性（SNP）。SNP是人类可遗传的变异中最常见的一种。人类基因组中平均1000个碱基就有一个SNP，整个人的基因组里一共有约3×10^6个SNP。按这样来算，人类应有大量基因突变。但是，在基因组DNA中，任何碱基均有可能发生变异，因此SNP既有可能在基因序列内，也有可能在基因以外的非编码序列上。总的来说，位于编码区内的SNP比较少，因为在外显子（断裂基因中的编码序列）内，其变异率仅及周围序列的20%。

动物遗传是通过基因忠实复制和转录实现的，但在不同环境，这个过程中难免会出现差错，导致基因的变异。变异分为两大类，即不可遗传变异与可遗传变异。不可遗传变异是由环境引起的变异，遗传物质没有发生变化。可遗传变异是遗传物质发生突变引起的变异，包括基因突变、染色体突变、基因重组。基因突变是由于DNA分子中发生碱基对的增添、缺失或改变而引起的基因结构改变。染色体变异包括染色体缺失、重复、倒置与易位等。可遗传变异一般发生在细胞分裂、减数分裂或DNA复制、转录期间。变异的趋势是不确定的，方向是任意的，可能是有利的，也可能是不利的。在产生变异后，如果排列上是平衡的，结构上是稳定的，并且能指导蛋白质或细胞正常的运作，这种新基因就可能继续存在并遗传。变异的基因会造成新的个体与原有个体上的差异。这种差异通过遗传被固定，通过进一步变异、遗传、积累，则可能产生一个新的物种。

由基因携带的生命信息及其遗传与变异的功能与特性可以推论，动物的机体，尤其是进化出大脑机能的高级动物的机体都是由生命信息作用方式主导和调控生理与生命活动。这种生命信息作用方式，或称为生命意识思维功能，实质上是生理统一性特性作用，保证它们形态结构、生理功能及行为方式的连续性与相似性得到继承的同时又得到进化发展。

三、基因信息作用方式

1. 基因表达就是生命信息作用的方式

生命信息运作的基础就是基因信息。基因可以表达物质形态结构，通过物质形态结构来表达生命信息。基因遗传信息是DNA分子上碱基的排列顺序。碱基的排列顺序是一种平衡结构，可以表达生命信息，生命通过这种方式表达自己内部结构和相互作用，构成生命信息的基础。

基因信息通过核糖核酸、蛋白质结构等作为载体携带生命信息。生命信息有许多表达方式，可以在生命结构中的各个层次进行表达。例如，在生命活动中起作用的各种生物酶，在细胞层面起作用的各种物质信息，以及生物体内的各种腺体组织、中枢神经系统中的不同神经元与网络结构、间脑中的核团组织、神经兴奋作用方式、神经冲动的传导衍射。信息之间相互作用不仅可表达形态结构，也可表达生命过程，影响生命行为，决定生命运动方式，规范生命进程。

信息在表达形态结构时，受生理统一性特性作用。生命通过信息表达，不仅使物质形成生物体，还赋予生物体以活力，使生物体有了生命。生命便是由各种生命信息加以调控的生理活动。信息的调控作用是为了保障生理活动的平衡，表现为生理统一性特性作用。

当生命进化形成专业性的生理器官后，同时也进化出一些生命意识的信息载体，如腺体、垂体等。这些腺体、垂体释放的物质，如生长激素、性激素等，便是生命意识的信息。

生物信息学研究认为，从微生物这样的原始生命形态开始，就有原始生命信息作用形式，如微生物的摄食行为，就是一种简单的生命信息作用方式。

动物是一种具有运动能力的生命体，高级动物具有的生命意识，除了维护生命机体外，还支配肢体运动。在生命意识进化中分化而来的目的行为思维功能是控制、支配肢体行为方式的生命信息作用方式，是生命意识进化产生的重要思维功能。

2. 基因表达是生命意识的基础

生命意识是生理统一性特性通过生命信息作用方式，完成生理统一特性作用和满足动物生命生理统一性的需求。基因表达就是生命意识的基础，神经中枢调节是生命意识作用形式，信息控制是生命意识的作用途径。生命意识可以是一组基因信息、一个反馈信号、一个化学信使、一段编排程序，其形式上已不同于原始阶段生理统一性的直接作用，具有多样性、复杂化、精细化，具备储存记忆功能，具有延时性。

生命意识分为对内对外两个方面的调控作用：对内进行神经中枢调节，调控动物机体的生理活动；对外由它的目的行为思维功能引导，产生行为应答。目的行为思维功能主要是指导行为的信息运作。当生理统一性通过信息的方式起作用就称其为生命意识。目的行为思维功能通过物质信息载体进行表达，使生命意识既可以获得遗传特性，又可以积累进化成果。

现代脑科学与医学研究表明，大脑内的丘脑是这种信息载体，负责对外产生行为应答。人体对外的防御能力是生理统一性的一种进化，是生理统一性建立的功能性专业机构，是统一性作用的高级形态。当人体具备对外防御体系后，生理统一性作用形式就发生了质的变化，特别是中枢神经的意识防御功能使人体对外防御不再像动物那样是简单的被动过程。

低级生命形态的生理统一性由生命体组成部分的生理功能构成。高级生命形态进化出专业的生理统一性特性功能器官，这种统一性特性作用可以以物质的形态出现。在此基础上，生命进化出专门维护整体生理统一性的物质性器官，如下丘脑、丘脑、杏仁核等边缘系统的一些核团组织。这种进化意味着统一性特性作用又有新发展，不再被动的由各个组织部分作用构成，而是有了专门的组织结构，主动从整体进行调控。

从总体上来说，自然界事物统一性特性这个固有属性的作用，在动物的进化中称为生理统一性特性作用。同时，动物基因遗传及进化作用机制实际上以基因携带的信息为基础，构建成以信息作用方式运作的生命意识思维功能。这种思维功能既保证动物自身生命正常运作，又促进遗传与进化发展。

动物生命意识包含的思维功能及目的行为思维功能，从实质上说是替代完成它们生理统一性特性作用全面地主导和调控生理与生命进化的一种独特的信息作用方式。

第二节 动物生命意识思维功能的进化

动物生命意识思维功能这种生命信息作用方式，使动物总体进化呈现形态结构、生理功能、行为方式由简单到复杂和多样化趋势特征。这也是它们生命意识以生命信息作用方式替代完成生理统一性特性作用的总体进化效应。

一、形态结构与生理功能的进化

动物基因信息包含生命各方面的信息，在动物的生命出现及进化过程中都有着相应的阶段性信息主导它们的进化发展。这体现在动物生命进化发展呈现阶梯式向上的规律性。

动物进化史表明，它们总体进化的趋势性，是由简单形态结构的生命个体进化为复杂的生命结构，如单细胞动物进化出多细胞的腔肠动物等无脊椎动物。它们生理功能的进化是在其生命结构（或形态结构）达到一定的容量以后发生，即进化出专门的生理器官与基因生命信息的物质载体。

动物的形态结构和生理功能是动物心理表现与行为能力的生理基础，其中神经系统是生理基础的最主要组成部分。探讨动物生命意识需要了解它们生理基础特别是神经系统的进化与适应性进化效应。

（一）动物神经系统的进化

动物神经系统的进化总体上经历两个阶段。第一阶段为无脊椎动物神经系统的进化，第二阶段为脊椎动物神经系统的进化。

1. 无脊椎动物

距今约5.43亿多年前，出现了无脊椎动物，如水母等腔肠动物，它们已从单细胞进化到多细胞。腔肠动物处于生命初始阶段，机体上神经系统与感觉器官的结构极不完备，只有若干神经结（节），未曾团聚，分散于全身各个部分，彼此借助以神经丝做联络，只能发生一些很微弱的联系。

动物机体为适应环境的变化，逐渐发生相应的变化，神经系统是生理变化的主要特征。神经系统由神经细胞、神经细胞胶质（又称神经肽）等组成。神经细胞彼此以细胞突起相连而成网状，称为网状神经系统，如图3-2所示。由于神经细胞与内外胚层中的感觉细胞、皮肌细胞相连，对外界各种刺激产生有效反应，但神经传导无固定方向，当受到刺激时会引起全身反应，因此称为扩散性神经系统。腔肠动物尚没有头脑，也没有专门的视觉、听觉或任何特殊的感觉器官，但是它们能依赖神经的刺激，使相关的肌肉发生伸缩运动。总体来说，这些动物神经系统结构简陋，使它们只能运动而无知觉。

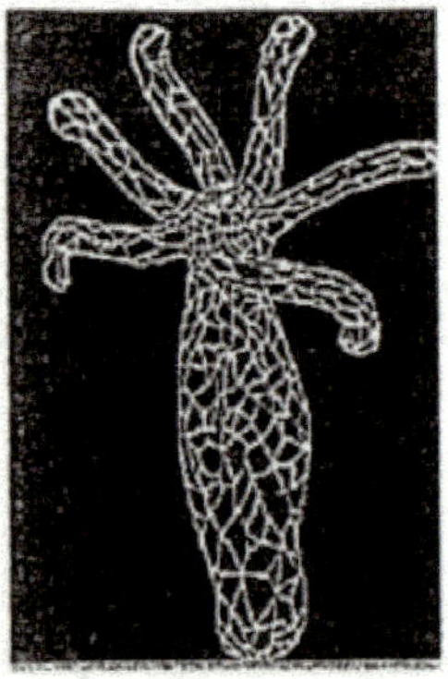

图3-2　网状神经系统[①]

① 引自：顾坤明.生命与意识的起源[M].北京：九州出版社，2014.

当无脊椎动物进化到软体动物，其神经系统较腔肠动物更复杂，已由网状神经系统进化为梯形神经系统，如图3-3所示。从网状进化为梯状的神经系统，虽然还保留着网状的一些特征，如神经细胞分散，突触相连成网，但形成了从头至尾类似梯形的两根神经索，头部出现大量神经细胞堆积区，有了脑的雏形。例如，扁形虫头部除了有类脑的神经细胞堆积外，侧面有外耳，是一种化学感觉器，还有眼可以感觉光，耳与眼又连接类脑神经，但这里的类脑只是进行信息中转，不具备分析、协调、控制等作用。

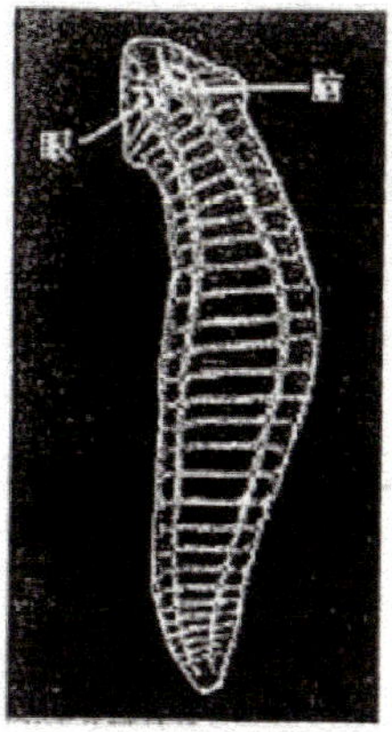

图3-3　梯形神经系统①

距今约4.38亿多年前，节肢动物出现，其神经系统也由梯状进化为链状，如图3-4所示。这是进化中的一个重要环节，主要表现在许多神经细胞聚集在一起形成神经节。神经节中神经细胞之间通过突轴的侧支形成多路（方向）的联系。在长有体节的无脊椎动物中，每一个体节都有一个神经节，每个神经节既管理本体节的反射机能，也与邻近几节反射活动有关，一系列神经节通过神经纤维联系在一起形成神经索。节肢动物神经系统中前端的几个神经节融合在一起形成简易脑，这些融合在一起的神经节通

① 引自：顾坤明.生命与意识的起源[M].北京：九州出版社，2014.

过神经索，能控制其他神经节。这种脑的作用，除了中枢神经链发展的因素外，身体头部集中了大量的感受器，感受器接收的信息进入脑内，使脑成为信息汇集中心，从而成为控制中心。同时，脑部神经节，形状趋复杂化，由它发出许多神经系统分支连通视觉与听觉等器官。这样的动物有了眼，以感觉光线的强弱，也已有耳，以辨别声音的高低（虽有时仍不大完全）。这种脑部结构还是很简单，还完全不能与高等动物的大脑相比较。

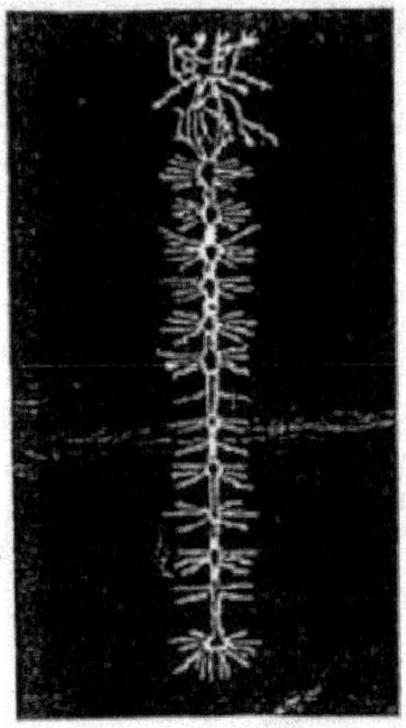

图3-4　链状神经系统[①]

2. 脊椎动物

距今约3.54亿多年前，无脊椎动物进化成脊椎动物。脊椎动物为有脊椎骨的动物，其形状一般为左右对称，可分为头、躯干、尾三个部分。脊椎动物有鱼类、两栖类、爬行类、鸟类和哺乳动物五大类。

脊椎动物具备较为完善的感觉器官与高度进化的神经系统。神经系统分为中枢神经系统与周围神经系统。中枢神经系统包括脑与脊椎，其中脑可分为大脑、小脑、脑干。小脑负责机体的运动，保持身体的平衡、动作的准确。脑干专门调节心跳、呼吸、

① 引自：顾坤明.生命与意识的起源[M].北京：九州出版社，2014.

血压等基本生命活动功能。脊椎骨髓能对外界或体内的刺激产生有规律的反应，同时将刺激信号传入大脑（反射与传导）。脊椎动物的头脑前部在进化中逐渐加大，分成左右两个半球，称为大脑半球。脊椎动物大脑半球发达程度因进化程度的高低而有差异，但是哺乳类动物存在大脑半球已成为普遍状况，没有例外。有了这种新的结构，脊椎动物不仅有复杂而灵活的肌肉运动与心理表现，而且还进化形成猿类动物本性意识。至于这种本性意识作用方式发生的进化程度高低状况，则按照它们大脑半球发达的程度而决定。大脑半球越发达，它们心理上表现越进步，本性意识社会属性显得越突出。

从动物神经系统两个阶段的进化发展表明，当动物神经系统进化并具备了脑部组织，使它们对外界的刺激具备了条件反射的能力。条件反射可分为条件生理反射与条件行为反射，其中条件行为反射是一系列条件生理反射的连锁反应。条件反射需要大脑皮层中枢参与，与脑功能的进化紧密结合。大脑是中枢神经节积集区发生进化而形成，具备储存记忆、分析处理信息的功能。条件反射是非条件反射基础上的一种进步，是由感受器接受的信息传递到中枢神经，经中枢神经对信息进行处理加工后所做的一种反应。随着动物生命意识的进化，大脑结构及神经系统进化特征表现为由低级到高级及复杂化，它们的生理与心理功能也随之表现为由弱转向强。

（二）动物适应性的进化

动物生命意识以生命信息作用的第一个重要特征，就是动物形态结构、生理功能发生由简到繁、低级到高级及多样化的进化。这种进化发展的主要原因，是因为以生命意识思维功能整体调控水平在“信息化”后得到提高，适应进化的需求，巩固了进化成果。动物形态结构、生理功能的进化是生命信息作用或生命意识思维功能调控的叠加组合、适应进化与生理功能改造等产生综合效应的结果。

1. 叠加组合效应

单细胞到多细胞动物的过程，如单细胞动物鞭毛虫类的团藻群体的进化过程，是因为单细胞个体聚集成群或通过细胞间的共生组合取得进化。这是生命信息作用调控采取叠加组合合成了比原来更为复杂的多细胞动物个体形态结构。或者说，是它们具备的生命信息作用方式发挥作用，进行叠加组合方式达到了结构进化。

2. 适应进化效应

多细胞动物的简单器官在适应进化过程中，其功能逐渐完善的同时，形态结构也趋向复杂化。这是生命意识整体调控促成它们生理功能得到完善并使形态结构受到相应改变，从而使它们结构得到进化。

3. 生理功能改造效应

某些功能性器官在一定的条件下，改变成复杂的新功能器官，这也是生命意识整体调控使它们形态结构进化的方式。为适应新的环境，形态结构与生理功能有时会发生不协调、不相配的矛盾。在这种情况下，生命意识会以整体调控方式使它们形态结构发生进化，创造出新形态结构，满足新的功能需要。

当形态结构发生进化，生理具备新功能，就能更好地适应改变的环境，保证结构功能得到新的平衡与稳定。生理功能上有生命信息作用以强化、扩大、更替的方式体现调控效应。生理功能的强化，有组织性功能和器官性功能的强化两种类型，如分泌组织进化组合成腺体，使分泌功能得到强化。生理功能扩大是功能范围扩大，使组织器官利用效率提高，如嗅觉器官原只能闻到近处的气味，后来进化到猎犬时，较远的气味也可闻到，这是生理功能扩大的效果。生理功能更替是由于生存环境改变后，原来次要的功能转变为主要的功能，这是更替方式的效应作用。随着这种功能更替，器官也相应变化。

动物生理功能进化同时还体现在适应性方面，如代谢催化酶功能和营养方式免疫功能。动物及人体消化和吸收营养过程中，催化酶的功能作用已为人们所共知，然而帮助消化的催化酶功能却是来之不易的进化成果。单细胞动物进化到哺乳动物过程中，酶功能由无到有，经历一段相当长时间进化过程。在生命起源阶段，原生细胞内的生物化学反应速率已高于其他化学反应。生物化学反应起始阶段，在生存环境压力下，有的原始细胞为适应生存便进化出以最小能量消耗，在新陈代谢过程中利用催化类化合物分子转化成为本身生存急需的精氨酸多肽分子的方法，从而保证了生命活动需要，并开辟了一条供给精氨酸多肽分子新途径。后来具有这种催化功能的原生细胞获得进化，转变为利用催化酶功能的真核细胞，使它们生存能力转强，借助遗传、突变与选择等作用，随生命信息作用方式的进化，遗传信息量增加，使这种酶功能与代谢能力得到新提高。

在营养方式上，动物机体生命信息作用推进它们适应性功能进化主要体现在四方面：一是在神经系统支配下复杂的感觉与运动系统，能及时发现及获取食物；二是具有一整套高效完成新陈代谢的复杂器官结构，包括消化、呼吸、排泄、循环系统等；三是具有复杂而又精确的自我调控系统，包括神经系统与内分泌系统；四是动物细胞结构功能能保证机体运动灵活自如，使细胞内外物质交换效率提高。

动物由淋巴器官、淋巴细胞与相关细胞以及免疫分子共同组成免疫系统。研究表明，有的蟹类体液中含有对付纤毛虫的凝集成分，有些蜘蛛体液有中和毒素的能力，说明无脊椎低级动物某些种类已具备类似脊椎类高级动物免疫抗体的凝集、中和等功能。无脊椎动物中尚未发现淋巴及真正的免疫因子，这说明它们在动物界防御识别功能中是处于一个“过渡阶段”。总体来说，鱼类开始有了免疫系统，鸟类和哺乳类免疫功能已趋于较完善，包括它们已具有消灭病原微生物及中和毒素、清除机体内各种衰老与破损细胞器，保持机体内各种细胞恒定的自身稳定功能，还能识别并消除机体内已发生突变的异常细胞。

总之，动物生命意识思维功能的生命信息作用，使它们适应性生理功能如代谢催化酶功能、营养吸收功能、免疫功能等经历一个由简单到复杂、由低级到高级的进化过程。

二、行为方式的进化

动物生命意识思维功能作用在动物行为方式上调控所表现的总体特征及效应，主要体现在动物生存能力由低弱到高强，由先天性到后天学习性，直到进化出现猿类动物，具有社会属性的本性意识体系（包含种属习性）。动物的行为按照其获得的途径不同，分成先天性与学习性两种行为。

（一）动物先天性行为由基因遗传，学习性行为由社会传承

动物的行为是它们的生存方式，可以由基因遗传也可由社会传承。动物在生理与生命活动中发生趋利避害、学习、记忆等行

为，是它们的生命信息主导产生。基因遗传信息是它们生命意识信息体系的重要组成部分，从这个层面来说，基因表达发生趋利避害、自我维护等行为属于基因遗传传递所产生。

动物因它们形态结构与生理功能进化特征各不相同，所以行为方式及生存方式都有各自的特殊性。它们的基本行为是受基因控制与社会活动影响的过程。在这个过程中，基因控制是基础，遗传生命信息中就包含了支配生命机体基本行为的指导信息。在地球生命出现的初期，无脊椎动物生存方式的指导信息都通过基因遗传，由亲代传递给子代。

无脊椎动物生存方式完全由基因遗传生命信息所决定，具备的生存特性是先天性的，如春蚕吐丝作茧、蜘蛛织网、蜜蜂筑巢房等。随着动物进化到脊椎动物以后，产生肢体行为方式及肢体动作也越来越复杂。受基因传递生命信息能力的制约，脊椎类高级动物除了基因遗传的先天性行为外，还有通过社会活动来传承行为的能力。这种社会传承是一种通过个体与个体之间传、帮、带的社会活动来传递行为信息的新方式，是生命信息重要的来源渠道，是生命意识体系的重要组成部分。

动物进化成为高级哺乳动物后，除了婴幼时期，需要依靠基因传递的原始生命信息来维持生命活动基本行为外，大部分的种属行为与习性是由社会活动进行传承。

（二）动物进化越高级学习性行为占行为比例越高

动物行为是适应进化的产物，受到进化规律的支配。行为是由动物机体各个器官、系统配合完成的，而动物形态结构的发展本身受到进化规律的支配。在先天性和学习性两种行为类型中，先天性行为比较原始，学习性行为比较进化。因此，在动物行为方式的进化过程中，它们机体形态结构、生理功能较为简单、等级较低的无脊椎动物（如蚯蚓）的行为功能与脊椎类动物（如鸟类）、哺乳类动物相比较，无脊椎动物的行为能力则弱得多。这种现象的直接原因是无脊椎动物行为的生理基础很弱，其先天性行为成分在行为中所占的比例几乎为100%。

无脊椎动物这种先天性行为，排除任何可能学习的机会，仅在一定的外部环境刺激下，完成具有生物学功能的行为。先天性行为在它们个体整个发育过程中都受基因控制。先天性行为本质上是动物机体所做的反射活动。这种反射活动是通过反射弧完成的，其中由两个以上的反射弧参与完成的一系列有固定程序的复杂行为，是动物先天性行为中最高级的行为模式。先天性行为还有另两种较低行为模式，即趋性、反射，其中趋性是动物趋光性、趋热性等应激性行为，是腔肠动物等低等级动物对环境的适应方式，反射是通过反射弧完成的，蠕虫动物开始出现低级的反射活动。

动物的先天性行为由基因遗传生命信息的调控作用决定。基因通过产生神经系统和激素等进行这种调控。先天性行为的能力强弱与神经系统和激素等功能强弱直接相关。因此，动物的先天性行为，哪怕是一个简单的动作，也离不开神经系统的支配。神经系统具有生命意识体系对行为进行整合、协调的功能，激素也具有生命意识体系这种功能。除了神经系统、激素功能外，它们的感觉器官也具有整合机体行为的作用，因为获取环境信息及变化需要感觉器官。只有神经系统、激素与感觉器官等多方协同配合，才能调控动物先天性行为。

动物进化越高级，学习性行为占行为比例越高。学习性行为是动物在成长过程中通过生存经验与模仿产生的行为活动，或者说，这是通过学习获得的行为。学习行为也由简单到复杂，依次包括习惯化与条件反射、操作式条件反射、记忆学习、模仿学习、情绪感应、悟性学习以及推理判定等相关过程，其中悟性学习是学习行为发展的高级方式，是纯粹运用已有经验来解决问题的能力，只有少数几种高级动物才具备此能力。

悟性学习与记忆学习、模仿及情绪感应等结合在一起，形成一种原则学习的行为模式。原则学习过程中，动物将过去许多经验综合起来，形成原则然后再行动。原则学习与记忆学习相结合，动物越高等，记忆力越强，符号化过程与记忆学习相互配合成为高级的学习行为。这种高级学习行为通过多次经验综合，将它们抽象化成为可识别符号。符号化行为仅仅出现在黑猩猩等灵长类动物。黑猩猩能跟人学会一些手势语言，甚至可学会认一些文字，与人进行简单的思想交流。悟性学习在灵长类动物中最发达，是行为进化的高级阶段。

动物的行为与它们形态结构、生理特征一样，经历一个由简单到复杂、由低级到高级及多样化的进化过程。行为是适应进化的产物，同样受到动物生命意识思维功能及生命信息作用的整体调控和支配。动物越高级，表现出的行为也越复杂。行为的进化经历趋性、反射、本能、低级学习行为、高级学习行为等进化过程。动物越低等，低级行为成分占比例越高；动物越高级，高级行为成分所占比例越高。

（三）动物功能行为的进化

动物行为按在动物间所行使的功能分类，主要有性行为、争斗行为、信号传递的通讯行为等。这些行为表现的进化趋势性各有特点，但都为适应生存环境及提高生存能力所发生的进化，总体上趋向智能性，行为动作趋向精细灵活性。

1. 动物性行为的进化

动物性行为是繁殖行为的组成部分。一般来说，性行为对生物个体的生存不是必需的，对于性的剥夺并不危及个体的生命过程。但是，性行为是绝大多数动物延续种族的基本手段，包括人类在内的绝大多数动物是通过有性生殖来繁衍后代。

求偶是性行为的前奏。动物的求偶行为复杂多变。动物通过复杂表演，如鸣唱、跳舞、姿势，展示身体的特殊结构。这些求偶行为的生物学意义有两点：有利于种间识别，防止异交；通过展示，提供异性个体选择机会，因为简单化表演反映不出表演者适合度与差异性，也就是说，表演越成功的个体，显然具有较高的适合度，容易获得配偶。研究认为，动物复杂的求偶行为是从一些简单行为进化而来，如缝蝇求偶行为就能体现进化状况，开始不送礼物，后来赠送礼物，再将礼物进行装饰，到最后则仅仅赠送一个空心礼物（空丝球）以刺激结偶行为。这充分表明它们求偶行为由简单到复杂，由原始进化发展的历程。

性选择体现动物性行为的进化。这种选择主要原因是动物生存能力提高受到两性机体形态结构与生理功能影响。那些受异性偏爱的特征保存下来，不受异性注目或喜爱的特征则遭淘汰。

2. 动物争斗行为的进化

动物争斗行为往往是因领地与配偶等原因而发生的。争斗行为有利于优胜劣汰，促进种群的发展及调节资源配置和利用等，但争斗常会带来伤害，因此争斗行为在多数情况下属于有节制性的争斗行为。

有节制性的争斗行为，就是采取温和方式与对方进行较量，其中恐吓、威胁、虚张声势等是常见的争斗方式。对动物的这种有节制性的争斗行为，追究其原因，主要是发生致死致残的格斗，在决出胜败的同时给双方带来过大伤害，损失有时相当严重。这样致残性争斗或致死性争斗并不是最佳的选择，受到自然选择的淘汰，因而许多争斗行为都进化成带有仪式化的行为。

3. 动物通讯行为的进化

动物之间联系是通过通信系统与通讯行为实现的。这种通讯由个体释放一种或几种刺激信号，引起同类接收者发生行为或反应动作。其中，刺激信号是一种能引起动物发生行为反应的各类符号、姿态与标志等，这是发出者与接收者之间发生联系的桥梁或中介媒质。信息传递依赖信号，实质是一种刺激。动物通讯联系主要有化学型、机械型、辐射型三种，分别有嗅觉、听觉、视觉的通讯功能器官进行通讯行为。

（1）化学通讯。化学通讯是指动物个体通过释放一种化学物质（信号），借助在空气或水中传播，被接受者所感受，并在神经中枢进行整合后，在生理或行为上做出反应的过程。动物普遍使用此种通讯。它们用于这种通讯的分泌物称为“信息素”。动物的很多分泌物是针对其他物种的，这种分泌物称为异种信息素。大部分信息素对感觉者的影响是即时性的（像声音信号一样），称为信号信息素；少数信息素可改变感受者生理状况，而行为变化在很长时间后才发生，这类信息素称为引物信息素。

（2）听觉通讯。听觉通讯不受时间限制，白天和晚上均可进行，其信号是声音。声音信号能绕过障碍物传播，特别适合居住在森林的动物之间的通讯联系。动物种类不同，对声波感觉频率各有不同，如蝙蝠可接发超声波信号。同一种动物发出不同的声音，有不同的信息，如求偶、报警、炫耀等。

（3）视觉通讯。视觉信号具有一定的作用距离，有确定的方向性，可被视觉器官或感光器官所感受。视觉信息包括光照度变化、物体移动、图形、颜色与平面偏振光等。在视觉通讯行为中，蜜蜂的舞蹈行为在昆虫类中很有代表性，此外萤火虫的发光通讯是许多人都熟悉的，它们通过发光与配偶取得联系，每一种萤火虫发光频率都不相同，有效地避免了种间杂交。

动物的很多信号都起源于某些偶然的动作和反应，或恰巧对有些动物起到传递信息的作用。它们在生存活动中，发出轻微动作若带有重要行为的先兆，引起其他动物注意即刻做出反应，从而能预知下一步行动，有利于避险而采取迅速离开的行为，因而被自然选择所保留。在这些动物中，许多信号显然都是起源于“意向动作”，如鸟类攻击前一定将身体蹲伏收紧肌肉，这是攻击的先兆，对方若觉察到，就会即刻警觉。这类视觉通讯发生过程促进它们功能与行为进化。

动物利用信号影响另一动物的行为，信号发出者与接收者之间协同进化的结果表现为信号的仪式化。这种仪式化实际上是信号发出者使能量消耗尽可减小，使信号带来收益大于能量付出的效应。这样有实用效果的视觉信号由自然选择作用后继承发展。

由此可见，动物行为方式的进化特征集中体现在三个方面：一是依据行为来源划分的先天性行为与学习性行为，分别源自基因遗传与社会传承不同的两种机制。二是动物进化越高级，学习性行为占行为比例越高，反之进化越低，先天性行为占行为比例越高。三是动物按它们生物学功能划分的功能行为主要有性行为、争斗行为与通讯行为，都有自身进化的特征。

综合动物生命意识思维功能以及生命信息作用的特征所述的内容，说明生命意识思维功能由基因遗传信息为主要组成部分。遗传信息又称为生命信息，其作用使动物呈现的进化特征主要有形态结构、生理功能由简单到复杂、由低级到高级以及多样性发展的特点。

动物进化的趋势与特征充分表明，高等生命形态可以用形态结构、生理特征、行为方式进行描述。最初的生命进化是形态结构由单细胞进化为多细胞动物，简单的生命形态进化为复杂的生命形态。形态结构是生命个体的基本特征，低等动物主要特征就是形态结构。生理特征是较为高等生命具备的生理功能，是在形态结构基础上产生的进化。当生命个体有了一定的结构容量后，生命进化出各种功能性器官，出现了各种繁殖方式，使生命个体具备了行为能力。生命行为方式是在具备一定生理特征的生命形态基础上产生的进化。行为需要大脑来支配，行为方式的进化是建立在大脑进化基础上的进化。脑进化的前提就是其他生理功能的进化，脑活动需要消耗大量的能量，是由其他生理功能的进化为其提供的。

总体来说，动物形态结构是生理统一性特性调控的主要内容，生理特征是生命意识思维功能作用的范围，行为方式是生命意识目的行为思维功能作用的结果。形态结构主要反映生理统一性规范的结构性平衡，生理特征是生命意识思维功能规范的运动性平衡，行为方式是生命意识目的行为思维功能主导和规范的肢体行为。生理统一性主要依靠理化作用来维持，生命意识思维功能主要依靠功能性器官释放物质信息发挥作用，生命意识目的行为思维功能不但需要专门的物质载体，而且需要载体能够表达复杂的生命信息指导行为。

动物生命意识目的行为思维功能是比生命意识其他思维功能更为高级的信息作用形式。从生命意识思维功能到它进化出目的行为思维功能体现信息作用形式的进化，也是替代完成生理统一性特性作用形式的进化。

人类意识就是由动物生命意识及本性意识的目的行为思维功能信息作用形式基础上进化的一个新的意识体系。新的意识体系标志意识信息作用形式发展进入新的阶段，形成专门的、独立的信息处理系统，而且这个信息处理系统本身还具备意识生命。这种意识生命是大自然演变的一个环节，将在大自然演变中得到延续和发展。

第三节　动物生命意识目的行为思维的进化

动物生命意识包含一个重要目的行为信息及思维功能作用特性，也就是说，动物生命意识包含主导生命目的行为思维功能作用特性。那么，这种目的行为信息及思维功能作用究竟有何特征与进化机制呢?

一、生命意识包含生命目的行为思维功能

动物的形态结构和生理特征决定它们生命存在的目的，形成生命的目的行为信息及思维功能。目的行为信息是它们生命存在的目的与意义。动物基因是遗传目的行为信息的载体，通过释放功能作用来支配、控制机体的行为方式。动物的主动行为都是目的行为思维功能的作用引导与支配的。这些行为明显带有目的行为作用特征，在动物生存行为上主要有择食行为、自卫防御、繁殖交配三方面。

动物在摄食行为、自卫防御、繁殖交配三个方面的生存行为称为生命目的行为。

一是摄食行为。摄食行为是在生命意识所包含的目的行为思

维功能引导下发生的生存行为。这是因为食物是动物生命及生理活动的物质基础，生存的必要条件。动物通过摄食或捕猎来得到食物与获得能量。动物一生的主要行为就是觅食或捕猎，摄取食物。获取食物是一种生命意识，高等哺乳动物间脑中存在摄食中枢和饱感中枢，根据生理需要释放摄食和饱食信息。摄取食物需通过目的行为来实现，这个行为受目的行为思维功能引导。采取什么样行为有利于获得食物，需要技巧，特别是高等级动物摄食都有技巧特性，而技巧是由社会传承的。

二是自卫防御行为。自卫防御行为既有基因遗传的目的信息作用的一面，也有社会传承的一面。动物生命需要自我保护，尤其是处在食物链中的动物，处在食物链下层弱小动物与食草动物，时刻存在失去生命的危险，必须保持高度警惕性。这种警惕性来自目的行为思维功能。复杂的自卫防御行为需要由社会传承，如打洞、筑巢、领地划分、识别敌友、建立环境信息联系等，既有天生的一面，又有社会传承的一面。动物在长期进化过程中，生命意识及生理器官形成一套行之有效的自卫防御机制，通过基因遗传与社会传承传给下一代。

三是繁殖与性行为。繁殖行为是由生命目的行为思维功能支配的。为了延续生命，生理上分泌激素，促使动物产生性欲发生性行为。交配季节，雄性个体之间为了争夺配偶而发生角斗，如雄狮为了霸占母狮遗传自己后代，会杀死母狮原先的幼仔。哺乳期的雌性动物为保护幼仔，会变得凶猛异常。在动物个体成长发育成熟、性萌动及性行为，都由机体产生各种激素来诱导、辅助。

例如，行走在非洲大草原上的雄狮。对周围各种信息能否产生生理反射或行为反应，完全视它们的生理统一性特性需求。当它饥饿时，可能对远处羚羊与斑马的身影感兴趣；如果它生理上受到了雄性激素的作用，往往会寻找母狮的身影。这是目的行为思维功能对感觉信息的选择作用，没有被选择的信息是视而不见的。这都说明，目的行为思维功能的主导作用对各种相关刺激信息的选择和过滤是以满足生理统一性需求作为基本依据的。

动物的行为需要有目的行为思维功能的引导，但复杂的生存行为有时掩盖了机体生命的直接目的。在无脊椎动物中，生命“目的信息”十分明了，有的存在的目的就是获取食物，有些生命的目的似乎就是为了最后的繁殖交配。

单细胞动物变形虫的进化极为简单，连固定形态都未形成，它们的体表由薄而细致的外膜包被，称之为质膜。质膜里的凝胶态外质与外质包着的有颗粒内质，呈现溶胶态的胶体，内质里有细胞核，其摄食等行为反应容易观察。变形虫对食物有一定选择性，主要有藻类、原生动物等，可在体表任何部分摄入食物。变形虫摄食行为表现目的行为信息作用很突出。饥饿的变形虫进行包裹食物的动作常比较饱食者来得敏捷。变形虫的细胞里有食物泡，食物泡由内质流动带到全身，其自身制造出含酶的溶酶体和食物泡融合，共同将食物消化。消化的物质进入周围的细胞质，不能消化的部分随身体移动，经质膜排出体外。从变形虫的构造可看出，它的形态结构和生理功能如此简单，但强烈的摄食目的行为信息作用，形成对它们自身来说较为完善的摄食系统。

如此简单的低等动物，已有一套适合自身条件的摄食方法。这种方法有了一套新陈代谢体系，包括食物选择、采食技术、消化酶的合成及反应、能量的转换、废物的排出等。这一切都是目的行为信息作用主导它们生命目的行为，维持生命活动所需的形态结构和生理功能平衡与稳定，以及其他生理统一性的需求。

以上两个实例，一个是脊椎动物雄狮，另一个是无脊椎单细胞动物变形虫，在进化阶梯上等级相差很大。变形虫还没有进化出中枢神经，故它们仅发生目的行为信息作用替代完成生理统一性特性作用。在变形虫的生命活动中，目的行为信息作用方式支配、调控目的行为，以满足生理需求。所有动物当它们一旦达到生理上的平衡，这种受目的行为信息或目的行为思维功能调控的行为方式也会有相应变化。动物捕猎是目的行为思维功能支配与调控的行为，受到生理统一性特性作用的整体控制。当生理需要补充营养时，动物机体的各个生理结构会出现摄食亢奋，使它们机体变得灵活机动。摄食的目的是保证新陈代谢的平衡，摄食量一旦满足，胃会产生饱胀感，一些腺体会分泌物质，使机体失去食欲或产生厌食感。

动物生命意识包含的目的行为思维功能支配和调控的目的行为，还需要有其他生命信息思维功能协同配合。例如，摄食时需要生命意识摄食中枢释放摄食生命信息，目的信息载体发出支配和调控信息，引导摄食行为。繁殖与交配时，需要替代完成生命意识的生命信息载体释放性激素，目的行为思维功能产生性欲作用，主导性行为。防御时由生命意识产生恐惧、紧张、心跳加快的生理状态，目的行为思维功能控制肢体动作，随时做出行为反应。目的行为思维功能只支配肢体行为动作，而完成一个目的行为，需要整个生命意识思维功能共同发挥作用。

二、生命目的行为的进化

动物生命意识包含的目的行为思维功能主导和调控生命目的行为，主要体现在择食行为、自卫防御与繁衍交配三个方面。

（一）择食行为的进化

无论是哪种动物，饮食是它生命第一需求，一切动物都从食物中获取能量及构成身体的元素。一旦断绝食物，生命活动便将停止。动物为了摄食，各显其能，无论是简单的低等动物或复杂的高等动物，都有自己选定的食物，都能因食物品种特性的不同，创造有用的采食方法，形成相互配合的采食器官，并有各自的食物消化系统、营养吸收系统与废料排泄系统。动物虽有不同的进化水平或等级，但它们食物消化、吸收、排泄等系统相互协调，都表现得很完善与实用。任何一种动物，无论是低等无脊椎动物还是高等脊椎动物，一旦所选的食物改变，系统也会改变。这种改变发生一次，就会有一次进化或重大变异的出现。

比变形虫的进化等级高的水螅是多细胞动物，但它们的构造仍然很简单，身体呈管状，全身只有一个口，兼作进食的口与肛门。身体下端缩成一个柄，起到附着固定作用。水螅形态结构与生理功能如此简单，但是它们的摄食系统却是符合生存需要的。它们的口周围生有6根～10根空心触手，用来摄取食物，能摄食比它们自身进化程度还要高的各种小甲壳动物、昆虫幼虫与环节蠕虫等。一个饥饿的水螅将触手张开等待食物，任何小动物朝它的触手掠过，就很快被吸附住。触手上长的许多小刺丝囊，几个或几十个同时刺入捕获猎物的组织，并注入一种有毒的麻醉液体。有时猎物要比触手大几倍，但同样逃不掉被捕获的厄运。猎物被麻醉以后，水螅用触手将猎物送入口部，口慢慢张开，口边产生黏液，食物被黏液润湿，自动滑入口中。食物进入胃循环腔，这时胃皮层里的腺细胞释放酶给食物，进行细胞外的消化，然后食物颗粒被吸进胃皮层的营养性肌肉细胞内消化，难消化的颗粒被身体收缩返回口部排出。水螅的进化主要表现在摄食方面的进化。除了身体基部形成基盘是为将身体吸附在一定位置外，其他的进化都与摄食有关。尤其是它们的刺丝囊，是由触手上表皮细胞中的个别单细胞改造成的一种复杂构造，有自动弹射机构，有毒液合成机构，有输毒注射机构，其复杂程度超过了它自身身体构造和生理功能。

动物摄食器官与摄食行为随着它们所选择食物的改变而发生进化，特别是节肢动物昆虫类表现明显。昆虫类动物所选食物为植物茎叶，它们口器都有上唇、上颚、下唇、下颚与舌，组成咀嚼式口器。其中，蚂蚁、蝗虫及蛾、蝶类幼虫等都是这种咀嚼式口器；蝶类变态为成虫后，食物改为花蜜，口器随之全面改造，下颚进化为虹吸管式喙，丝状虹吸管，不使用时卷曲于头部下面，采蜜时伸开进入花的深处，由咽肌抽吸蜜汁。蜜蜂的口器与蝶类相比又有改进，其口器改为基部联合在一起的下颚与下唇，其中下部能活动的部分抱合成一条管状喙，吸管中间是一条细长带毛的舌，舌尖上弯还略显匙形状，喙管与舌部连接一套能控制伸缩的器官，当它们采蜜时，喙管从头后拉出，伸入花的深部，舌尖前后迅速移动，便将花蜜吸入喙管。

昆虫类动物口器进化特征显示节肢类低等动物生命意识目的行为思维功能的进化特征。这些为自身生存适应环境的小动物，都以生命意识目的行为思维功能主导和调控它们生命活动，其他生命意识思维功能协调配合，使它们形态结构生理功能和行为方式发生进化，从而达到新的结构稳定、运动平衡与生命活动的需求。

还有一些突出的事例，可以充分反映随着动物身体结构和生理功能进化后，它们生命目的行为也更为进化。例如，环虫等蠕虫动物腔肠与体腔完全分开，消化器具有两个出孔，一个是口，另一个为肛门，使它们对化学物质的感觉已较敏锐。有一种海螺能在数米外，测知食物的好坏而决定其行动，如为可食的食物，它们即行向前，如为有毒食物，则准备后撤。这时它们的嗅觉感觉细胞起作用，生命目的行为显示它们生命目的行为信息作用方式得到了进化。软体动物章鱼为代表的头足类对化学物质的嗅觉更为敏锐。它们身体前部长出向外突出的伸长体，称为触角(觉)，接收外界化学物的刺激，能辨别是否为可食的食物，同时它们已具有较为集中的神经系统，知觉器官已起到功能作用，表现为行动敏捷。因此，章鱼一旦觉察到可进行捕食的机会，即以箭一般速度，向前进攻。这种生命目的行为比前面单细胞动物、腔肠类与蠕虫类动物又有新进化。

脊椎动物摄食行为的生命目的行为进化同样具有生存能力趋强的特征。例如，蝙蝠的摄食行为发生的进化。蝙蝠原本是陆地生活的哺乳动物，为了捕食飞虫，竟然延展皮肤生长出膜翼，同时白天捕飞虫与其他虫类时与鸟类争食竞争过甚，而夜间活动的飞虫数量较多，于是选择夜出，最终又将目视改变为耳听，进化成超声波回声定位系统，用以测量距离，观察物体，进化成夜间猎食。蝙蝠为摄食所做的种种改变，充分显示它们生命目的行为思维功能主导目的行为发生进化的特征。再以爬行类动物的鳄鱼为例。鳄鱼行动很灵活，能纵跳抓扑猎物，极善潜水。它们口里的槽生齿不能撕咬与咀嚼食物。在捕到陆生动物时，将猎物拖下水淹死，而捕到大的水生动物则拖上陆地，使猎物缺氧而死。它们将猎物猛摔与撕裂成碎块再吞下或者腐烂再吞食，是因为它们胃酸量多，酸度高，消化功能很强。

对爬行动物鳄鱼、哺乳动物蝙蝠摄食行为和节肢动物蜜蜂、软体动物章鱼、腔肠动物水螅，以及单细胞动物变形虫等摄食行为做一个纵向比较，可清楚反映动物摄食目的行为随着它们目的行为信息作用方式及目的行为思维功能增强而发生明显进化，生存能力明显提升。或者说，随着动物形态结构和生理功能进化水平或等级提高，它们生命目的行为能力得到提升。这种进化特征表现为生存能力由低弱趋向高强，显示动物生存能力得到一次又一次的提升。

（二）自卫防御行为的进化

自卫防御或自我保护是动物的共性，这是动物生命意识目的行为思维功能的体现，但这种生命目的行为所用的方法各有不同。

三叶虫化石显示，它们的身体外已经有了良好外骨骼的保护组织。这些外骨骼是由几丁质组成，其成分为复杂的蛋白质化合物，不容易分解，故为形成化石创造了条件。这就是说，早在古生代的寒武纪，三叶虫虽然还是简单的动物，然而它们生命目的行为信息作用方式已经较为进步，使其长出外骨骼保护层用以自我保护或自卫防御。

到了节肢动物，保护壳方面又有新的进化。它们将自己全身各个部位都用几丁质、蛋白质与石灰质组成的外骨骼保护起来。例如虾，头胸部的背面、侧面盖以头胸甲，外皮不分节，只在头部与胸部之间留一沟；腹部则每个节各盖一个背甲与腹甲，在体节关联处的保护覆盖物既又薄，保证了运动灵活性。螃蟹的头胸甲更宽大，甲壳更为坚硬，并形成坚硬而有力的大螯，自我保护能力得到提高。

除了节肢动物保护壳自我保护以外，类似的保护壳还有鱼的鳞，穿山甲与犰狳的甲胄，豪猪、刺猬的大刺，乌龟的壳，鸟的羽毛，哺乳动物的毛发等都是通过自身的组织或器官的改造形成保护组织以达到自卫防御的生命目的。

在目的行为方面显示动物（除极少数低等级动物外）都具有逃遁的目的行为思维功能主导的目的行为，如鹿、兔的快速奔跑就是动物典型的自我保护或自卫防御行为。这与它们自身形态结构和生理功能进化有密切关系，首先它们有善于奔跑的腿，还有能提供相应动力的肌肉组织。

入地打洞是部分动物寻求安全避险的生命目的行为，如犰狳能以极快速度挖洞，许多鼠类都有打洞后在地下藏身的习性。这种行为都有相应的器官及功能为生理基础。如鼢鼠，体矮而胖，四肢短粗，但前肢爪特别发达，又长又大，是掘土利器，能挖掘复杂洞道，有的长达数十米。这都是目的行为思维功能促进它们身体结构和生理功能特有的进化。

动物自卫防御目的行为方面，鼠类与鹿、兔等高等动物显示特有的进化，低等动物如节肢动物天牛成虫、黄刺蛾等也都显示类似特有的进化。例如，天牛成虫为甲虫，但它的幼虫则是肉虫，缺乏保护，在地面生活危险较多，于是采取钻入树干的生活方式。成虫选择在树干树皮粗糙缝隙处产卵孵化出幼虫，幼虫很快蛀入树皮，随后又转入树干的木质部，并在树干内生活2年~3年，第三年春夏季节开始化蛹，化蛹前，还吐出一种白磁质的物质，将虫道两端堵塞，以求更为安全。羽化以后，成虫白天仍然躲在洞内，黄昏以后才开始出外活动。又如黄刺蛾，其目的行为进化很有代表性。刺蛾幼虫满身具有毒刺，如遇到其他动物稍有碰触时，它们的刺就很容易刺入对方皮肤，并有毒液输入进去，使对方中毒后又痛又痒。幼虫因有这种武器，所以它们身体颜色显得很醒目，有黄色配以紫色图案，实际这也是一种警戒色，警告来犯者，不宜妄来侵犯。

综上所述，动物自卫防御目的行为进化特征及有关事例显示与摄食行为类似的进化特征，即动物生命意识目的行为思维功能主导目的行为，一方面促成它们身体组织结构与生理功能发生进化，另一方面它们生命目的行为随之发生进化，并充分显示进化特征是目的行为能力由低弱到高强，由简单趋复杂，低等向高等及多样化的进化。这种进化使它们生存能力相应提升。

（三）繁衍交配行为的进化

动物摄食与自卫防御是为保护自身生存为目的行为，而动物繁衍交配则以延续种族及保证种的永久生存为目的的行为。通常情况下，动物个体年龄成长到某个阶段时繁衍的目的行为思维功能趋于强化。动物繁衍是它们保存进化的必要的环节。如果没有繁衍就不会有进化，种的繁衍停止，进化随即中断，物种本身就灭绝。一切动物对繁衍的意义都能理解得很深刻，所以在有必要时，宁可牺牲自我，也要保证种的延续。

生物学家研究表明，在动植物分道进化早期阶段，团藻即开始采用有性生殖，突破仅发生无性生殖的状态。团藻初始主要以有丝分裂实行无性繁殖，后来细胞社会化分工，众多体细胞（衣藻）中有少部分成员改变原来职能与形态，变成担负有性生殖任务的生殖细胞。有少数生殖细胞特化为卵，这种卵由一个生殖细胞增大而成，并在成熟时不再分裂，形成球形，退掉鞭毛，不再游动，降落到表面层下；另有一些生殖细胞特化为精细胞，并经多次纵裂形成一束各自生成两根鞭毛的精细胞，开始连在一起集体游动，后分散分头找表面层下的卵，精卵融合成合子，并经有次序的多次分裂形成新的团藻。

动物的有性生殖是经过雄性精细胞与雌性卵细胞结合成受精卵，再由受精卵发育成为新的下一代动物个体的。有性生殖的优点就是经过两性结合，后代的遗传性很丰富，生命有活力。这对动物的生存意义重大，所以有性生殖几乎被所有动物接受与传承下来。

动物的两性结合，各具特点，差距也很大且都有自身繁衍交配的目的行为。这里选出节肢动物昆虫类蛾、蝶，鱼类的刺鱼与两栖类的蝾螈，爬行类的鳄鱼与鸟类的犀鸟、帝企鹅，哺乳类河狸、狒狒等有代表性动物繁衍交配目的行为特点，以充分显示它们的进化特征。

昆虫类蛾、蝶。昆虫类有许多雌雄不同巢生活，游动无定向，偌大空间难得巧遇。其中，蛾、蝶等采用极巧妙方法，雌虫自制一种性引诱剂，在它们性成熟交配时，将性引诱剂散发于空气中，气味随风飘散，雄虫得讯而来。昆虫学家研究认为，嗅觉与昆虫类繁衍交配行为关系密切。

鱼类刺鱼与两栖类蝾螈。刺鱼由雄性鱼营巢，引诱雌鱼进入巢内产卵。雄鱼尽心尽意地守护巢穴，卵就在巢内孵化。孵出来的鱼苗跳出巢区游到水里时，雄鱼将它们吸入口中，并重新吐回巢内。鱼类动物在水中繁衍交配，它们精卵的构造及习性几乎与团藻没有多少差异，受精过程都在水中进行。两栖类蝾螈为体外受精，雄性先排精包，雌性将精包纳入泄殖腔，当排卵时，精包释放精子，受精在输卵管内进行，多卵生，幼体先出前肢再出后肢。

爬行类鳄鱼与鸟类犀鸟。爬行类与鸟类动物只是将卵改进成羊膜卵，受精方式改为体内受精。体内受精需要辅助精子细胞顺利传递到雌性体内与卵子结合。卵子与精子细胞的传递交接器官称为生殖器。爬行类鳄鱼是雌雄个体以生殖器在雌性体内交配而使精子与卵子融合成合子，产下带有合子的卵蛋。其中，尼罗鳄的雌性个体一窝约产卵蛋60余枚，卵蛋产在离水边相当远的地方，然后用将近30厘米厚的土盖好，母鳄守在附近约3个月，几乎不吃任何东西，遇到有闯进者就猛冲过去。当孵出的小鳄鱼发出小小的声音，母鳄就冲破一切障碍将小鳄鱼与未孵出的卵一起从地下巢穴中取出，装进嘴里宽敞的囊中，装满后就爬到河边，将幼鳄与卵吐入水里，让它们在浅水中大约度过12周，这时雌雄亲鳄都不远离，以便碰到危险时赶往急救。鸟类犀鸟生活在森林大树上，生殖季节雌雄两性也以生殖器交配在雌鸟体内受精而产下带合子的卵蛋，雌鸟伏居在树洞内孵雏。为了雌鸟与幼雏的安全，雄鸟将雌鸟住的洞用泥封住，在封口处留一个小孔，此后由雄鸟来觅食，从这个小孔来饲喂雌鸟与已孵出的小鸟，直到小鸟长大出巢。

鱼类、两栖类、爬行类与鸟类的代表性动物繁衍交配目的行为都表现出各自特点，在进化特征上已显示有性生殖两性交配目的行为发生显著变化，由水下转到陆地上，由体外交配受精改成体内交配受精，由没有明显生殖器进化出两性专用交配生殖器官。这体现了它们繁衍交配目的行为由简到繁、低等趋向高等与多样化，它们的生存行为能力进一步提升。

当动物进化到哺乳类高等动物时，繁衍交配目的行为不仅将受精卵的发育场所改在母体内，使这些动物雌性个体内进化生成适合胎儿发育的子宫，而且性选择方面以及交配方式上都发生很大变化。

哺乳类动物生殖系统具有独特的功能特征，其雌性个体两个卵巢都有功能，卵在输卵管内受精，胚胎在子宫内充满液体的羊膜囊中发育，胚胎发育所需营养来自母体胎盘血液。胎儿生下后依靠母体乳汁长大，所以称为哺乳类动物。

哺乳动物生殖系统主要特征体现在它们雌雄个体的生殖器官上。雄性有生殖腺，并由众多的曲细精管构成，是产生精子的器官，能分泌雄性激素以及弱酸性黏液，以保证精子的存活。附睾丸下端与输精管道相连，并在下端达于尿道，还有精囊腺、前列腺、尿道球腺作为重要附属腺体，以促进精子的活性，其中前列腺分泌物可促进雌性的子宫收缩，有助于受精。阴茎为交配器官，主要由海绵体构成，尿道贯穿其中。哺乳动物雌性个体生殖腺有一对卵巢，由生殖上皮产生的处于不同发育阶段的滤泡组成，每个滤泡内长有一个卵细胞，内含雌性激素，卵成熟滤泡破裂，卵及卵泡液即排出。成熟卵排出后进入输卵管道前端的开口，在输卵管上段经与雄性交配完成受精，再沿输卵管道下行达子宫，受精卵即种植于子宫的壁上进行发育生长。

在哺乳动物种群里，狮、虎、狒狒等发生性选择是常见的现象。在种群里雄性个体之间在交配权上有激烈的斗争，最后只有最强壮者才能争得交配优先权，其中东非狒狒比狮、虎更显出它们激烈争夺雌性个体交配权的特点。强壮的雄狒狒通过威胁打斗取得优先序位，居支配地位的雄性可在群内的雌性中间随意选择喜爱的配偶。它并不阻止其他雄性与雌性交配，但保留与正在发情期的雌性交配的权利，即在雌性受孕机会最大的时期与雌性交配，而那些地位较低的雄狒狒只能与没有发情的雌性交配。这样雄性的交配序位就能保证群内的幼狒大部分是那些最强壮、最勇敢的雄性后代。这种现象在哺乳类高等动物中比较普遍。

综合摄食、自卫防御、繁衍交配三个方面的生命目的行为进化特征，表明动物生命意识目的行为思维功能既主导和调控主要生命目的行为活动，又推动目的行为发生进化，使无脊椎类低等动物生存行为能力由低弱变为高强，由低等进化到高等及多样化，直到猿类动物的生存行为能力已进化到相当高超的程度。

第四节 人类意识由动物本性意识进化产生

动物形态结构、生理功能、行为方式包括生命目的行为方式的进化都是适应性进化，这是自然选择产生的综合效应。这种自然选择作用产生的适应性进化就是生理统一性特性作用调控结构平衡与运动平衡不断改变而发生的。当它们结构、运动处于相对平衡稳定状态时，反映适应性进化进入稳固期；当处于不平衡、不稳定状态时，反映适应性进化进入新变动期。动物产生适应性进化基础上，其社会性也发生进化。在动物社会性进化的基础上，类人猿的社会习性形成它们本性意识思维功能。猿类动物本性意识思维功能具有它们独特的进化特征，充分显示由生物属性适应性进化中所产生的新形态。人类意识由猿类动物本性意识中脱颖而出。人类既具备动物自然属性或生物属性，同时又具备自身独特的社会文化属性（特殊社会属性）。

一、动物适应性与社会性进化特征

动物适应性进化指的是动物以个体生存与种属繁衍发展为目的适应自然环境的自然属性的进化。动物社会性进化指的是动物自然属性进化基础上发生的社会行为的进化。动物社会性进化是动物进化到一定阶段时才发生的。

（一）动物适应性进化特征

动物为了生存，必须适应生存的环境。适应是生命特有的现象，是普遍存在的。地球表面的环境是复杂多样的，不断发生改变的，不能适合全部生物的生存，但有些动物却因发生适应性进化而生存下来。从广义上说，自然界生存的动物都是经过无数次自然选择发生适应性进化而得以生存的，而且这种适应性进化至今仍在继续发生。

在缺水环境生活的鼠类等小动物常居在地下，以夜间出来觅食的方法减少水分消耗，夜间温度低，使它们身体水分损失比白天少得多。蜥蜴与犰狳，身上有不透水的皮，防止因出汗而损失水分。生活在美国西南部沙漠中的更格卢鼠则有独特之处，它们竟能通过新陈代谢将吃下去的干燥种子中的氢与空气中的氧结合成水来维持生理活动，其5周时间可生产60毫升水，这使它自身可以不饮水。

两栖动物产婆蟾，在水中交配时，为了抱住滑溜溜的雌体，雄蟾竟然会在它们前掌部形成一种黑色婚瘤，而陆上交配时，雄蟾却不形成这种婚瘤。类似于产婆蟾水中交配形成婚瘤的情况在昆虫类龙虱中也有发生。龙虱为减少水中游动时前进阻力，将自身进化成椭圆形的流线型，身体表面不生毛或刺，没有凹凸不平的地方，全身滑溜溜的，以致交尾时雄性龙虱抓不住雌性龙虱，为此雄龙虱在前足上长有吸盘，将雌性龙虱牢牢吸住。

海鸥与陆上寻食的鸟类不同，它们习惯到海洋中觅食，这就必须经常在海上活动，不容易得到饮用淡水，因海水含盐量高达3.5%。海鸥选择创建并进化形成了一套排盐系统，称为盐腺。有了盐腺，口干的海鸥可饮下达到自身重量10%的海水，并能在大约3小时将过剩盐分从鼻孔排出。海鸥有了这套精巧复杂的构造，便可在海上自由活动。

以上实例，充分显示动物适应性进化特征主要为适应生存而改进生活方式。它们能根据自身生存环境进化出适应生存需要的组织与器官，能够改进自身形体结构、生理功能、行为方式，还能进化形成化学途径解决缺水及处理过剩盐分等特异功能，从而提升自身适应生存的行为能力。适应进化导致动物适合度高的、复杂的特征产生。因为遗传基础的稳定性、多效性和环境变化的相互作用，适应具有相对性。正是这种适应性进化促成动物阶梯式向上进化，形成物种的多样化、复杂化。

（二）动物社会性进化特征

动物社会性进化是它们自然属性或生物属性进化到一定阶段所发生的社会属性的进化。动物社会性进化主要体现在它们社会行为发生的进化。

蜜蜂有自己庞大的社会体系，群内有明确分工，各执其事，还很有纪律，赏罚分明，其成员都在为集体的生存辛勤劳动。每群蜂都有成百上千的成员在一起生活，有蜜大家吃，有活大家干，敌害来袭时大家共同防御。蜂王只管产卵繁殖后代，为了让蜂王大量产卵，保证提高种群繁衍生殖效率，工蜂用蜂王浆喂食蜂王，并管理它的生活。外勤蜂在采蜜期十分忙碌，抢收花蜜，喂食全蜂群。各种蜜蜂之间通力合作，维系蜂群的生存和繁衍。

蚂蚁与蜜蜂相似也是社会性群居生活，但分工更加精细。除了蚁后、雄蚁、工蚁以外，又分工出了兵蚁，有的种类还有专门从事贮蜜的蜜壶蚁。蜜壶蚁将自己的腹部改造成贮蜜罐，为社群贮藏食物。其贮藏的蜜量可供100只工蚁食用10～15天。兵蚁专门从事社群保卫工作，因兵蚁将自己口器的一对大颚改造成锐利的“兵器”，使它们失去自己进食的能力，工蚁就像对待蚁后那样精心为兵蚁喂食。这些都体现它们分工合作与尽职尽力为社群不懈努力的社会行为。

以上两种动物社会行为是动物进化过程中发生低等的社会性进化现象。这种社会性进化现象先发生在蜜蜂、蚂蚁之类的低等动物社群，在进化水平与等级相对较高的动物群体中有较高等的社会性进化现象存在，并有新的进化。

草食性动物大象组成的家族群以雌性为主，一个基本家族群体或家庭群成员中有一只年长的女家长或女族长，还有10 ~ 30只雌象和它们的子女。大象的寿命长达60年，因此在同一家族或家庭里的雌性个体一起生活持续达几十年。有时，彼此有亲缘关系的大象家族成员常会聚在一起，组成一个较大的家族群，也能友好相处。雄性幼象到性发育成熟年龄，就会离开家庭或家族，与其他离开家庭或家族的雄性幼象组成一个全是雄象的群体，它们相互之间发生带有仪式性的威吓、争吵与真正的搏斗，借以建立一个有支配性序位的群体。在繁殖季节中，居于支配地位的雄性大象加入雌性组成的家族群，主动追求雌性，争取交配机会。交配完成，雄性大象重新回到雄性大象组成的群体里。

猿类动物黑猩猩是地球上现存且已知与人类亲缘关系最近的动物。它们具有结群行为，每群约10只 ~ 50只不等。它们在围捕小动物中，充分运用集体分工合作，听从首领组织指挥，采取围困办法及恐吓对方等各种捕猎手段。由于它们灵活且有一定智慧性，再加上群体围捕方法得当，常常能捕猎成功。黑猩猩的社会行为，是它们种属习性表现，这主要体现在它们能区分同伴、天敌和猎物（即分辨出类己者与异己者）。其次在同伴中，它们之间也有等级，每个个体都能知道自己在同伴等级中的位置，并顺从上级与傲视下级。于是当天敌来临时，就逃跑；当猎物出现时，它们就追逐；当与上级相遇时，它们会表示顺从或讨好；当与下级同伴相处时，它们就会示威或示傲。这些社会习性与类人猿及人类祖先腊玛古猿、南方古猿直至能人阶段早期初始人类群体很相近。

动物社会行为进化特征实例显示，它们随着生物属性进化发展，社会性特征越来越明显。动物群体中，实行分工协作，集体捕猎以及成员间有一定身份等级。社会行为趋向强化，使生存性能力提升。

归纳以上动物适应性与社会性进化特征，可以看到，动物适应性进化不仅是自然选择促成的进化，而且是生理统一性特性作用的必然结果。因为动物为自身的生存与种群繁衍发展，必须适应变化的生存环境而做出适应性改变。这种改变由自然选择主导方向，同时由生理统一性特性作用调控结构性平衡、稳定与运动性平衡，以满足它们生理与生命活动的需求。如果没有自然选择，它们的进化会失去方向；如果没有生理统一性特性作用，形态结构、生理功能得不到平衡和稳定，而无法达到适应性进化。因此，动物适应性进化是有生命意识替代完成生理统一性特性发挥决定性动力作用，而自然选择仅在进化方向上起作用。

在动物社会行为习性进化基础上进化形成类人猿具有的本性意识，不仅是在自然属性或生物属性上有了新进化，而且社会行为属性也发生新进化。

二、人类意识由动物本性意识脱颖而出

类人猿在适应性与社会性进化中，生物属性和社会行为都发

生新进化，从而由动物生命意识基础上进化形成类人猿特有本性意识思维功能。

（一）类人猿本性意识产生与进化

类人猿本性意识思维功能主要由基因遗传、社会传承与实践操作机制综合作用而形成。这种本性意识思维功能包含目的行为思维功能、时空信息特性以及生存实践中获得的重要经验、知识，实际上就是它们社会环境行为的操作系统。类人猿本性意识是由动物生命意识进化形成的，两者间差别主要在于本性意识比动物生命意识的目的行为思维功能作用得到提升，前者适应性与社会性进化水平与等级比后者更高强，从而使类人猿比其他动物的生存能力明显提高。

类人猿本性意识思维功能由其他动物生命意识思维功能进化形成，也是由基因传递的生命信息表达生命的基本诉求。基因传递的生命信息作用决定类人猿形态结构、生理特征以及先天性的本能行为，使它们具备婴幼期的基本生存能力。类人猿的生理功能同样由基因遗传生命信息决定，不仅具备生命活动基本能力，包括新陈代谢、调整机体生理平衡以及内环境的稳定，而且它们具有的大脑与神经系统及腺体系统等相互配合协调，完成统一调节整体生理功能。它们行为方式已有先天性与学习性两种不同的行为能力。婴幼期的许多先天性行为能力都由基因遗传生命信息作用所支配。它们经过上千万年的生存进化，产生并积累完善肢体各种行为能力，如吸吮、抓握、眨眼、吞咽、奔跑、跳高、撕咬、打闹等，形成先天性的本性意识目的行为功能，但大部分的复杂生存行为却是社会传承的后天学习性行为。

类人猿本性意识的社会传承机制与基因遗传机制一样是一个

重要进化机制。社会传承是通过个体之间传、帮、带的社会活动来传递行为信息。当新生生命体离开母体后，先天性行为功能开始运行；新生命觉醒需生母呵护，如吮食胎衣、帮助引导吮食奶水等母子间进行互动，便是一种引导行为，激发新生命产生目的行为思维功能。这有助于子代强化生命信息作用并替代完成生理统一性特性作用，以满足新生命内部生理功能平衡、稳定及生命活动需求。

亲代与子代发生互动后，类人猿便进入了社会传承的进化阶段。新生命在亲代对它们引逗如逗笑、逗玩时，就会产生相应的条件反射作用。两代之间的亲密接触，新生命会有一定依赖感产生，这些是条件反射作用的被动行为。

先天性行为仅为简单的生存能力，并不具备种群生活习性、生存方式与行为经验，而这些复杂的能力必须由社会传承以及经验积累或通过学习的方法才能获得。

类人猿本性意识包含的生命目的行为思维功能是通过社会学习活动得到提升的。在婴幼期，对陌生未知的环境行为不会主动去做，需要亲代的带领下进行模仿学习，这是行为方式的社会传承。在亲代的指导下，通过自己生活实践以及实践操作获得生存技巧，这同样是社会传承及学习活动。类人猿在不断传承基础上，积累各种有效的生存技巧，使它们在生存竞争中提高了获胜的技能。行为方式的社会传承与基因遗传一样，有遗传、变异、选择的过程，其中变异是行为方式的变化，是生存技巧的提高。提高的生存技巧通过社会传承，就是对变异的行为方式的积累。类人猿总是将每一次成功经验通过这种机制传递给下一代，使它们生存经验得到积累和巩固，并使无序的变异成为有序的进化。

类人猿的本性意识包含的生命目的行为有应答性行为与操作

性行为。应答性行为指的是反射性机制行为，如遇到危险时及时进行躲避；操作性行为指的是它们自身生活需求所做的实践活动。当一种新的实践操作性行为对自身生活有利，就能获强化，这是操作性的条件反射机制，也是获得新行为能力的重要途径。这个过程是学习和强化的过程，奖罚机制起重要作用。奖励就是摄入食物有利于满足生理统一性要求，达到新陈代谢平衡，获得“满足”“享受”的感觉，反之则受饥饿的处罚。这种实践操作性机制使它们更好地适应环境，增强生存行为能力，但本性意识思维功能是被动思维方式，难以进行主动性动态思维，不能进行逻辑思维和创造性思维活动，因此就不能产生更加复杂的行为方式。

（二）类人猿本性意识的进化特征

类人猿本性意识具有调控或支配社会环境行为的思维功能。生命时空信息特性是它的组成部分。生命的不同时期，时空信息扩展，环境信息逐渐丰富多样，社会传承与实践操作性机制作用让它们获得许多新经验。这些新经验在它们大脑皮质中枢形成信息积累区，成为记忆和知识，也是本性意识的组成部分。

当类人猿发生条件反射作用时，大脑神经元信息网络立刻发生信息联结作用，开始思维活动。信息联结分为被动联结和主动联结，被动联结为被动思维，主动联结为主动思维，两者不同的原因主要在于有没有目的行为的动机。被动思维是依据自身经验、知识进行思维，是思维习惯；主动思维是依据实际环境信息做出目的行为决定。有目的行为就是本性意识目的行为思维功能主导与支配的行为，如饥饿时产生捕猎意识，目的成为行为的宗旨，指导行为达到某种目的。类人猿被动地产生条件反射，比其他动物更多地主动产生目的行为，是由完全被动到主动的一种转变。这种转变是本性意识与其他动物生命意识相比，生存能力得到很大提升的体现。

类人猿在由其他灵长目猿类动物进化而来的过程中，由食虫变为杂食，食性改变引起它们形态结构、生理机能为寻觅果实、采集杂粮而发生进化，这是它们发生适应性进化以后社会性进化的重要条件。距今150万年前，地球上气候变化迫使南方古猿从森林里走到地面生活，不仅需寻食果实、种子，有时需用树枝类工具防猛兽侵袭，还需站立张望、奔跑，有的空出前肢抱住食物或抓住树枝作武器，使它们越来越具有早期能人、直立人的学习悟性及生存能力。

类人猿的本性意识进化特征还表现在每个群体成员知道自己在群体等级关系中的位置。这主要因为它们生存活动中学习到一些“关于自身的知识”，而发生简单联想或条件反射的结果。例如，当类人猿个体遇见首领时，有关的知识记忆（曾受首领惩罚等经验记忆）驱使它们表示服从，这是一种下意识地自动反应。它们虽不具备人类意识思维功能的抽象思维，但已具有感知和记忆等基本功能，能够进行学习与简单的联想。

类人猿本性意识进化特征还有三个方面明显特征：一是试探性动作表现突出。因对自己的新行为不知道对与错，所以它们在做新行为动作时非常谨慎，先作试探性动作，尤其处于婴幼期的这种试探性动作更为突出，只有在发现没有危险情况下，它们才会继续试着去做。这是因为它们本性意识包含的目的行为思维功能处于较低进化水平或等级，缺乏生命目的行为的风险判别能力。二是对周边事物缺乏预见性。类人猿在即将发生危险时，主要依赖自身感官信息或者直接碰触，才做出防御反应，难以预先感知一些潜在危险。当有不利发生时，不能马上产生不安、担心、害怕等情绪，从而预先做出防御准备。当它们的感官感知才开始防御，是动物生命意识包含的防御思维功能体现，其本性意识目的行为思维功能虽有了进化，但仍处于较为低级的进化水平。三是行为方式仍重复，传承的是同一程式化固定模式的行为动作。因为它们社会行为仍然是为摄食、防御与繁衍交配而作的生存目的行为，还没有意识到自身独立存在的主体及自主性，因此不能突破生存环境被动适应的状态，所以原有的生活习性及行为习惯不容易改变。

（三）人类意识由类人猿动物本性意识脱颖而出

人类是由南方古猿进化而来的，或者说是从猿的系统中分化出来的一支，其出现及发展是一个漫长的历史过程。

南方古猿是最早踏上人类进化历程的远古人类。南方古猿在颅骨、下颌骨、牙齿、骨盆与四肢等形体结构以及生理功能、行为方式的生物属性已很清楚显示出人科特征。继南方古猿之后的人类是能人。能人在体质特征上比南方古猿进步，生活在距今230万～180万年前，分布在东非与南非。能人已能制作石器。能人之后是以直立人为代表的阶段。直立人生活在距今180万～20万年前。人类进化到直立人后进入包括现代人在内的智人阶段。早中期智人生活在距今25万～4万年前，晚期智人大约是在距今5万～4万年前开始出现的。

在类人猿到人类转变中社会属性发生空前的进化。这种进化是促成人类意识由类人猿本性意识及思维功能脱颖而出的根本原因。社会属性的进化主要表现在产生语言文化、出现社会组织等。

语言文化的出现建立在人类生物学进化的基础之上。只有在人类生物属性进化发展到一定水平时，才能产生与创造出语言文化。虽然类人猿等动物有简单的信号语言、一定的智力，甚至有社会组织，但不能稳定地积累、传递后天所获得的经验。语言文化是靠符号系统（语言、文字）和习俗（社会行为取向性）等表达与传递的。人类语言文化创造本身就是复杂的社会行为，本质是社会行为的进化。人类语言文化等社会行为是高级、复杂的学习性行为，不受基因遗传信息直接支配，而是以语言文字和习俗为具体媒介进行社会传承的。

古人类学研究认为，距今大约5万年前，早期智人开始发展一种独特的语言技能。这种独特语言出现，主要是因为早期智人情感变得越来越丰富，发声器官与听觉日益发达，成为必要的物质基础。他们用发声与许多其他肢体动作一起构成交流的手段，随着交流内容越复杂，发声方式也多样化。这种发声方式多样化和听觉辨别各种声音能力增强，成为语言创造必要的条件。同时，语言文化出现与当时实行性禁忌等禁约的直接需要有很重要关系。

在语言文化出现过程中，氏族部落等社会组织开始出现。这里要指出的是，语言文化产生的根本原因，主要在于早期人类自身生存（包含生育养子、传宗接代）需要，同时也是社会组织生活中劳动分工的需要。人类面对自然灾害、疾病和各种猛兽袭击，只能依靠集体的力量，以克服困难，更好生存下来。

就大脑的信息加工方式而言，动物只能进行直观的表象加工，而人类大脑却具有表象加工、符号加工与虚拟加工等反应形态。人类借助语言、语义与逻辑概念等独特的文化力量，构建内涵丰富的信息加工处理系统，发挥自己意识主观性与创造性。由此可见，文化性、智慧与创造性是人类区别于动物的主要指标性内容。

在语言文化、社会组织出现过程中，人类意识终于开始由类人猿本性意识思维功能基础上脱颖而出，并将原始的人类意识称为本我意识。这种本我意识既是早期人类创造语言文化、社会组织过程中进化形成的，又是他们在社会活动与生产及生活中产生并得到发展的。同时，通过基因遗传与社会传承及实践操作性创新机制得到继承和进化。

第四章　人类意识进化的作用机制与特性

人类意识由类人猿本性意识进化而来，那么它有怎样的进化作用机制与特性呢？总体来说，它的进化作用机制与动物生命意识包括类人猿本性意识一样，都是基因遗传与社会传承以及实践操作性创新的机制。但是，这些机制发生的进化过程在进化作用中所占比例不同。动物生命意识主要依靠基因遗传进化作用，越是低等动物，进化水平越低，所占比例越高。人类自我意识依靠基因遗传与社会传承及实践操作性创新机制，后者的作用比例明显增加。同时，人类自我意识具有独特的主体感觉与主观认知特性，还具有生命形态与时空信息特征，是进化形成过程中产生的重要特征。

第一节　人类自我意识进化作用机制

人类自我意识的进化作用机制主要为基因遗传、社会传承及实践操作性创新。

一、基因遗传进化作用机制

基因遗传信息是人类自我意识信息体系重要组成部分，人的个体形态结构、生理功能、婴幼期行为方式，包括生命目的行为功能，都与基因表达直接相关。婴儿主要是依靠基因携带的生命信息调控生命活动，表现为抓握、吸吮、哭笑、听、看等先天性行为的基本生存能力。

基因遗传机制控制猿进化为人的过程中个体生理性状和先天性行为，使人的大脑结构与功能得到进化。

大猩猩头骨与人头骨外形巨大差异，如图4-1所示，充分反映了基因表达的进化作用。通过对比可以看到，两者的面部颌骨、枕骨大孔、头骨表面、头颅脑容量等都大有不同之处。大猩猩面部颌骨：大部分由体积硕大的颌骨所构成，比脑壳或头骨本身还要大；枕骨表面有很大脊突，眉脊像个大屋檐一样突出于凹凹的眼窝上；头颅脑容量显得较小。而人的头骨断面脑壳比颌骨大得多，枕骨大孔正好位于头骨基底中心的后部，因而当人直立时，头骨便达到匀称平衡；头骨表面较平滑，眉脊或眉突处通常只稍微突出。两者头骨外形进化状态是基因表达人类大脑从形体结构上发生的明显进化，为人类自我意识的出现创造生理功能的基础。

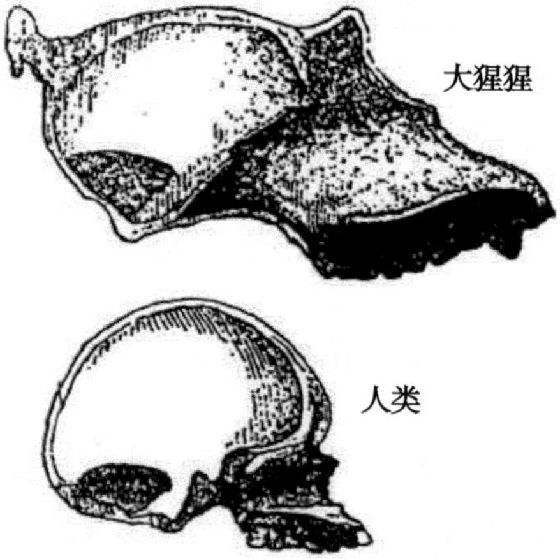

图4-1　大猩猩头骨与人头骨对比图[①]

① 引自：赫胥黎.人类在自然界的位置[M].蔡重阳，王鑫，傅强，译.北京：北京大学出版社，2010.

人类大脑不仅在形体结构上有很大进化，在内部结构功能也发生明显进化。脑科学研究结果显示，脑部神经系统特别是大脑皮层区域的神经网络系统很独特。这部分神经系统向四周延伸，构筑成特殊网络，大脑思维运作就是由这个特殊网络支撑而展开的。其中，称为“突触”和“神经元”的物质是最基本的物质，在大脑思维活动中起基础作用。脑内部结构主要有三个部分组成：一是左右相对称的半球组成大脑半球，二是由间脑、中脑和延髓组成的脑干，三是小脑，如图4–2所示。

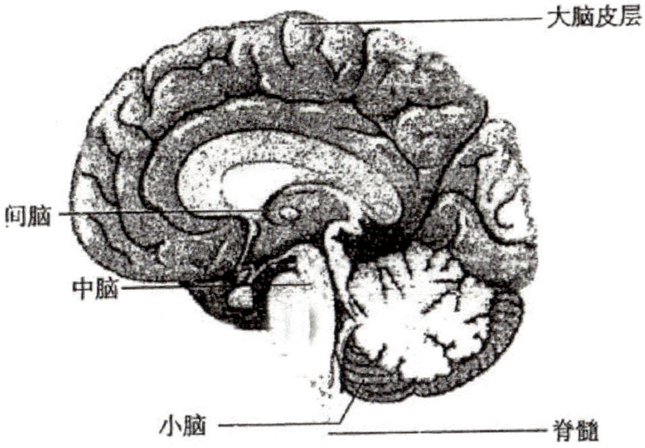

图4–2 脑结构图[①]

大脑半球沿表面长成的沟槽分成额叶、顶叶、枕叶和颞叶。额叶具有与意志和创造力相关的功能；顶叶支配脸、手、躯体和脚等运动的中枢，兼具运动功能和感受身体各部位痛感的功能；枕叶中有视觉中枢，人通过该中枢可看见东西；颞叶中有听觉中枢，具有辨别声音等语言感觉功能，还具有用储存记忆的功能。除此以外，额叶与颞叶共同担负着语言中枢的重要作用，而起到这些作用的几乎都是在左半球，如图4–3所示。

① 引自：林静.生物的演化：进化[M].北京：中国社会出版社，2012.

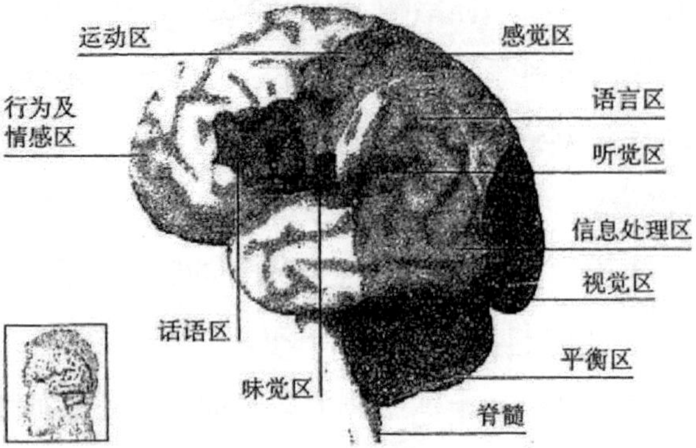

图4-3　脑皮质层功能图[①]

在脑干中，间脑是被包在大脑半球的部分，这里有丘脑与下丘脑的重要器官组织。在犹如两个鸡蛋并列形状的丘脑中，具有非随意运动相关的神经细胞群，形成一个各种感觉信息的中转基地；位于下方的下丘脑其大小约为丘脑的20%，重量一般仅为10克左右，但却是支配本能行为的中枢，巧妙地调节各种功能的平衡。中脑位于丘脑下面，控制步行等运动，是连接大脑半球与脊髓的信息中转场所。中脑集中大量神经核团，调节反射性功能。延髓是从中脑转到脊髓的部分，有自主神经核，具有调节内脏各器官的功能，包含维持生命的呼吸循环系统。

小脑虽仅占整个大脑重量的10%，但它却控制身体的平衡。因此，神经纤维束从小脑伸出，与间脑、中脑与脊髓相连，对控制运动功能起着很重要的作用。

覆盖大脑半球表面的大脑皮质瞬间处理无数的信息，经神经细胞和突触将相关指令送达身体各部的关键部位。科学研究认为，人类大脑皮质的神经细胞约为140亿个。这种神经细胞形状独特，其最大的特点是具有大量的突起，其中一根长长的突起称为“轴突”，并与其他神经细胞相连接。由于其他的突起呈树枝

① 引自：林静.生物的演化：进化[M].北京：中国社会出版社，2012.

状，故称为“树突”。包括轴突、树突在内的一个神经细胞称为神经元，这是神经系统的基本单位。轴突与神经细胞相连的部分称为“突触”，一个神经细胞中有5000～10000个突触。这意味着一个神经细胞与5000～10000个其他的神经细胞相连。

基因遗传机制控制猿进化为人过程中的大脑结构和功能得到进化，构筑人类自我意识出现的生理基础，同时行为方式发生进化。这些进化显现在先天性行为方式遗传特征方面，几乎每个人都带有遗传特征，如在人的幼儿期直立行走，使用简单工具的天赋，以及哭、笑、滚、打、抓、握、投掷等，直至成人时期，仍有一些先天性行为发生，如受到惊吓时反映恐慌，受到别人恶意攻击时表示愤怒模样，以及性激素分泌增加引起性冲动等。

总体来说，人类自我意识出现的生理基础以及先天性行为能力进化都显示基因遗传是个重要进化机制，因为它促成人类特征的身躯及大脑、先天性行为方式同步发生进化。对于这个自然进化过程深入研究会发现，低等动物如春蚕、蜘蛛等无脊椎动物的进化完全依赖基因遗传，高等哺乳类动物则更多地依赖社会传承机制。在整个猿进化为人的过程，基因遗传与社会传承两者都在发挥作用，正是有了这两条进化的大腿，类人猿向智人进发，并跨进了人类社会的大门。

二、社会传承及实践操作性创新机制

社会传承及实践操作性创新机制是动物进化到一定水平和相当高等阶段的进化作用机制。这主要是因为生存技巧等进化成果由基因遗传已无法承载而不得传承，因此动物意识思维功能进化选择社会传承及实践操作性创新机制。有了这种进化作用机制，生活技巧等进化成果通过社会活动传递给下一代，通过个体与个体之间传、帮、带的方法传递行为信息。

猿到人的进化中，社会传承和基因遗传具有同等重要的地位与作用，指导机体生命行为的信息，均来自基因遗传与社会传承两个方面。如没有行为方式的社会传承，就会失去稳固的进化连续性基础，进化则会迷失方向。在进化中，成功的经验通过积累及社会传承，传递给下一代，成功的经验得到巩固。因此，社会传承起到稳定、变异和发展的作用，使无序的变异变成有序的进化。

猿到人的进化中，自我意识的出现不仅由基因遗传机制发挥作用，而且由社会传承及实践操作性创新机制发挥作用，后者的作用主要体现在早期原始人类创制石器等工具，学会用火，食、衣、住、行等生存方式的改变，性择与语言文化的进化，使人类生存能力得到提升。

（一）创制石器等工具

早期人类直立行走后，学会制作和使用简单的工具，如石刀、石斧等，这些工具使它们更好地适应环境。此后，为更好地求生存发展，总结实践经验，特别随着智慧的增强，帮助他们制造出更多更复杂的工具，如复杂精致的石器和骨器等。

距今4万年前的早期智人的平均脑重约1 400g，已接近现代人的大脑，只是结构较为简单。他们已能制作更为复杂与精细的工具，如骨针、石斧等，学会用兽皮制作衣服。距今4万～3万年前，晚期智人取代了早期智人，此时的工具制作更加进步，如他们会制作一种叫石叶的工具来帮助制作其他的工具，如石刀、雕刻器、刮削器等，骨器也变得更加多样，有骨矛、标枪、鱼叉、鱼钩等。当时的工具大多跟渔猎相关，显现早期人类则以渔猎为主的生活方式。

直立人、智人制作和使用工具充分显示，猿到人的进化过程中，社会传承与实践操作性创新机制起到重要作用。他们制作及使用工具的技术越来越进步，越来越精细，更为实用，种类也越来越多。

（二）学会用火

猿到人的进化，学会用火和长期用火使他们可能在气温低的地方生活，也使他们的食物链得以扩大。正是因为他们学会用火，甚至离不开火，使他们从原始时期游团时代开始了定居。

研究发现，晚期直立人如北京猿人、蓝田猿人既学会制作较复杂的石器和骨器，又学会保留自然火种。学会用火和长期用火的好处很多，如用火来驱赶猛兽与捕猎，烤熟肉类食用，熟食相对生食更容易消化，降低细菌感染的机会，为大脑进一步发育提供营养基础。

早期直立人、智人们学会用火与长期用火促进了猿成人的进化过程，特别是促进脑部的进化。脑部结构越来越复杂，左右大脑半球发育出现不对称，出现了简单的声音语言，使它们用语言进行相互交流、沟通，实现各种互相合作。在距今4万～3万年前，晚期智人发明了油灯、弓箭，还有缝制御寒衣物所不可缺少的骨针。例如，第一项确实能称为艺术或珠宝的物品，即从德国施泰德洞穴发现的象牙制“狮人”雕像（距今约32000年）正是出现在这个时期[①]。由此可见，社会传承与实践操作性创新机制作用促使早期人类行为方式上的进化已很显著。

① 尤瓦尔·赫拉利.人类简史：从动物到上帝[M].林俊宏，译.北京：中信出版社，2014：22.

（三）食、衣、住、行等生存方式的改变

早期人类在社会活动与生产中通过社会传承和实践操作性创新机制取得许多新的行为能力，并世代传递。

获取食物是早期人类的第一需要，是人类生命得以延续和维持的关键。原始人类主要靠天然采集、渔猎获得食物，使用天然的石头、棍棒、动物骨头、牙齿等粗糙工具取食、御敌。当食物匮乏时，就不得不为寻求食物而四处奔波、迁徙。当生活无法维系，如遇到饥荒或天灾时，甚至会发生恐怖的“食人俗”。究其原因，一是原始人尚有一些动物本能残留及迫于生存，二是当时迷信意识盛行，有宗教观念指导这种行为。直至原始社会后期，人类学会用火烧烤食物，并采取一些最基本的保存食物的方法，才缓解食物匮乏的状况。

对于原始人类来说，衣服主要有两种用途，护身和装饰。他们从自然界获得形形色色的衣料，植物类的如树叶、树皮等，动物类的如兽皮、兽毛、鸟羽等。原始人类多以狩猎为主，故常以兽皮为衣服。这些兽皮经过技术加工后非常耐用，而原始的“裁缝”能用带眼的骨针将兽皮联结一起。在热带地区，原始人类多用树叶、树皮制作衣服，人们一般从树上剥下较完整的树皮，经过浸泡、捣软穿在身上，还会用草茎、柳条纺织成草席式外衣。

原始人类一般居住在天然洞穴里。旧石器时代后期，原始人开始建造一些能够遮风避雨的简易茅屋，多为圆形或方形。这些茅草房构造非常简单、粗糙，就是挖坑，上面用树枝搭上棚架，并用干草、树叶覆盖，举架很低，人只能爬进去，住在里面也只能蹲着或躺着。原始社会后期，为扩大住所面积，他们用带横梁的高柱支撑屋顶，或用石头、泥土、砂子来建筑墙壁。

原始人最简单的运输方法，就是用头顶、手提、肩挑、背负等方式载物行路。车的发明过程，据专家考证，最初是用圆木来滚动大石头或重物，后来将圆木的中部截去一段，只余下两个厚圆轮，加以轴相连便成车。船的发明，则是原始人发现抓住漂浮在水面上的树干可使身体不下沉，渐渐地任何漂浮的东西都可以被利用，如去掉树枝的一截木头，一捆芦苇等。一个人骑在浮木上面手足拍水而行走，便是船最初原型。考古证明，早在石器时代就已出现最原始的独木舟。原始车、船的出现，不仅满足原始人狩猎、捕鱼或运载重物的生活需要，而且还极大地扩展了他们活动领域。

在人类自我意识形成过程中，基因遗传有重要作用，社会传承与实践操作性创新机制同样具有独特的重要作用。这在早期人类创制石器等工具、学会用火与长期用火，以及衣、食、住、行方面改变生存方式等目的行为进化中已经充分得到体现。此外，基因遗传作用使社会传承与实践操作性创新机制生理基础有了保障，社会传承与实践操作性创新机制又使基因遗传机制生理基础进化增添了新的动力因素。基因遗传是动物进化初级阶段，社会传承是进化的高级阶段，高级阶段的进化是由初级阶段奠定其重要基础。

（四）性择行为的进化

社会传承与实践操作性创新机制对于人类自我意识形成和出现具有重要作用，还体现在早期人类性择行为的进化。性择行为的进化推动了自我意识形成和出现。

猿到人的进化中，性择行为不仅为提高后代生命质量，选择适应能力和竞争能力强的个体交配，而且出现有关性禁忌的规范和制约。人类学研究认为，早期原始人类部落群体或游团性社会组织出现后，这种“性禁忌”制度产生并存在一段时期。

早期人类在交配前，会出现选择配偶的行为。由于他希望自身强大的倾向，因此在选择配偶时，带来类似愿意、喜欢、希望等行为意识。弱肉强食是当时的普遍现象，在这样的环境中选择配偶时择优录取是一种必然。在群居、集体捕猎的种群中，一般最健壮、最聪明的个体通过争斗获得一定的统治地位，而优先取得交配权。

性择行为是进化的产物，同时促进人类及意识的进化。物种等级越高，性择越显著。人类是性择行为最明显的高级物种。人类的性择与类人猿等动物的性择已有许多不同之处。最大的不同是原始时期，已有游团、部落制度下的一夫一妻制与性禁忌。性病流行是迫使原始人类实行一夫一妻的主要原因。由于性病会引起不孕不育，甚至导致死亡，多偶制或乱交都严重影响生存和生育而丧失原有性行为的吸引力。在性病高发时期，单偶制表现比多偶制成功，故需要性禁忌惩罚多配偶者。实行一夫一妻制和性禁忌另一个重要原因是为维护游团中男女和平交往秩序，确立家庭和游团两种层级的组织，以及有效管理。巩固与发展游团性社会组织对于早期人类来说是不可缺少的，因此游团内部建立有关一夫一妻制及相关性禁忌这类原始“制度”就不足为怪。

猿进化为人的过程中，繁殖后代所产生的性择行为通过不断变异、选择，从而发生进化，并将能适应自然环境，有利于生存、发展的新行为方式世代相传，这充分体现了社会传承与实践操作性创新进化机制推动猿到人的进化与自我意识的形成及出现。

（五）语言文化知识的进化

距今大约5万年前，早期智人开始出现一种独特的语言技能。到了晚期智人，这种语言技能已有新发展，特别是晚期智人部落或游团社会组织中出现的性禁忌，是早期人类初始产生的一种文化。

语言能成为一种文化，初期最基本的内容是当时实行的禁忌。如果语言不能表达清楚禁忌的有关内容，不能支持禁忌，就不能维持禁忌的实行，禁忌也不可能出现。正是由于这种原始文化得到世代继承及进化发展，才有了人类的文明史，或者说，早期人类是通过成为一种“有文化的动物”而变成人类。这种文化其最初的形态就是禁忌，其中最核心的是性禁忌。

在晚期智人（约距今3万年前）时，已出现完全新式的语言沟通方式，被认为是一场“认知革命”。这是基因突变引起早期人类的大脑内部信息运作连接方式发生改变，让他们以前所未有的方式进行思维，采用全新的语言方式进行相互沟通。这种沟通方式能更加适应环境，对生存更有利，因此通过社会传承与实践操作性创新机制得到了继承发展。那么这种语言有什么特别的地方呢？研究认为，这种语言最为灵活，虽然只能发出有限的声音，但组合起来却能产生无限多的句子，表达不同的含义，从而有利于相互之间的交流沟通。

正是有了这种相互沟通交流信息的方式，使人类知道周边的情况，使他们的语言吸收储存与沟通交流的信息量猛增。这种语言独特的功能还在于可以传达一些根本不存在事物的信息，即能表达从来没见到、碰到的事物，最终传说和神话应运而生。“虚构”不只是让智人拥有想象，更重要的是一起想象，这赋予智人前所未有的能力。早期人类不仅发展出独特语言，而且创造出早期的原始文化及后来的文字符号系统。这些经社会传承与实践操作性创新机制得到继承与进化。

语言出现后，早期人类观察大自然产生了某些认识，采用语言描述这些认识，进行传递和记忆。将这些认识与生产、生活结合起来，则形成新知识、新智慧。

社会传承及实践操作性创新进化机制在猿到人进化中发挥的重要作用，主要体现在早期人类创制石器等工具，学会用火，食、衣、住、行的改变，繁殖后代性择行为方式，以及语言文化知识发生进化。如果没有这种进化机制的推动，早期人类的后代不可能将好工艺、好传统、好习惯及好经验传承发展，人类的进化也难以想象。但是，这种进化机制的独特性也应该被认识，就是基因遗传是一切生物体共同具有的进化机制，而社会传承及实践操作性创新机制仅为具有社会属性的高等级动物以及人类的进化机制。

通过以上基因遗传、社会传承及实践操作性创新进化作用机制具体表述，显示人的自我意识形成及出现并不是偶然的，是猿进化为人过程中由进化作用机制综合作用的实际效应。由猿到人伟大转变中，不仅在生物属性上发生明显进化，而且在社会属性的人类意识形态上同样也发生明显变化。总体来说，无论是生物属性，还是社会属性的进化，都是生理统一性和社会统一性等多个层面统一性特性综合作用引起的必然结果。

第二节　自我意识的自主性与主体感觉特性

动物生命意识思维功能及目的行为思维功能替代完成生理统

一性特性作用，主导和支配它们的生理与生命活动。那么人类自我意识究竟具有怎样的思维功能及目的行为思维功能？它怎样主导和支配人类个体生理与生命活动？怎么产生主体感觉特性？

一、自我意识控制人体自主性行为

人类自我意识由类人猿本性意识进化而成，但两者有明显不同。最为突出的差异是本性意识本质上是动物生命体附属性意识替代完成生理统一性特性作用，服务于动物生命机体，没有自主性。自我意识具有独特的主体生命形态，独立形成一个信息作用体系，能完成以自我为主体的信息运作，有自主性。自主性有独立的意识追求，其表现为有些行为背离生命的本性，甚至放弃生命。自我意识表现为维护人的生命及身体的生理统一性。人体是“自我意识”寄主，失去生命就失去自我意识信息体系的载体。自我意识信息体系需依赖人体的感觉器官，获得感知、感觉、感受，知道疼痛、体会快乐。这充分体现人的自我意识思维功能自主性能力，与动物本性意识对比，有根本性区别。

自我意识包含生命意识思维功能以及目的行为思维功能。人身体自主性行为动作就是自我意识目的行为思维功能控制和支配的躯体运动。自我意识控制人的躯体运动，生命意识调控人的生理活动，其中生命意识所包含的目的行为思维功能有行为支配信息。这种目的行为思维功能支配的行为或躯体动作，称为非自主运动，而自我意识控制和支配的躯体运动则为自主运动。例如，人在饥饿时闻到食物的香味流口水，危险环境中肢体发生颤抖，这些是非自主运动；如想喝水即拿起水杯倒上水就喝，想阅读则拿起书就开始阅读，这些是自主运动。人类自我意识一个重要进化特征，即自主运动。动物生命意识只会发生非自主运动，因为目的行为思维意识功能作用弱，没有进化到自我意识目的行为思维功能的程度。研究证实，动物生命意识与本性意识一般行为方式基本上是固定模式的，如小海龟出壳后迅速爬向大海，角马群体年复一年地进行长途迁移等。

二、自我意识由本体感觉进化为主体感觉的特性

自我意识思维功能调控的自主性躯体运动以及同步发生的自主性思维过程，是目的行为信息作用方式进化的体现。由于目的行为思维功能在进化过程中得到强化及提升，使原始人类自我意识初级形态的本我意识发生进化，并由本体感觉特性的本我意识进化到具有主体感觉特性的自我意识。本体感觉特性进化为主体感觉特性就是自我意识独特的重要特性。本体感觉是指人的躯体感觉中枢对肌肉、肌腱、韧带、关节等组织结构的空间位置、姿势、运动状态、运动方向等的感知，以及产生的位置觉、运动觉、负重觉、平衡觉等。本体感觉能产生兴奋和抑制两种状态，利用神经脉冲传递兴奋和抑制信号。躯体感觉中枢接收信息并解码，变成本我意识主体能够识别的信号，本我意识读取信息后获得感知。当感知疼痛时，目的行为思维功能就会发挥它的功能，要求避让、远离，以减低伤害。这种本体感觉与目的行为思维功能相关联，即信息运作时表现生命的进化等级越高，目的行为思维功能的功能就越强，其本体感觉程度就越明显。

人的本体感觉，经丘脑特异性中继核团感觉传导和信息处理加工，使生命意识目的信息引起的感觉，转换为本我意识目的信息作用引起的本体感觉。这就是说，本我意识的本体感觉的形成，依赖于生命意识目的行为思维功能进化成本我意识目的行为思维功能，使信息处理加工能力强化、升级，这是一个重大的进

化。有了这个突破性进化，本我意识产生本性感觉，人类个体就形成独特的自我意识自主性的主体感觉。

在意识主体特性产生或形成过程中，三种因素起到举足轻重的作用。一是人类原始时期群居及群体化生活实践使个体进化形成群体本我意识与群体本体感觉。早期人类在对抗生存环境和外族争斗中，已将个体和部落与游团融为一体。这是一种带心理经验和体验的“群体本我意识”，使人类发现自身的存在，并升华为本我意识主体核心，是人类意识形成初期前所未有的一次大觉醒。二是早期人类长期参加生产劳动，特别是重体力劳动，促使个体物我关系的分辨，从而增强并提升本体感觉与主体的感觉，使意识主体特性进一步得到发展。三是原始时期社会化及语言文化发展对意识主体特性的进化至关重要。随着生产发展，劳动方式由群体协作向个体劳作转变，使原有群体性本我意识向着个体自我意识进化发展。私有制确立后的奴隶社会早期，人类个体自我意识及主体感觉的意识主体已完全形成。语言文字考证发现，中国早期奴隶社会已发现“我”字，说明已经有个体自我意识及意识主体。

人类意识形成初期的本我意识是当时人类为适应原始生存环境所产生的意识及思维活动，是自然和人文环境构成的逻辑思维系统。随着人类的生存能力提升，特别是有了农业、畜牧业，使食物等有了积余，形成财富，产生最早的财富概念。在财富积累的同时，本我意识的占有欲望越加增强，使人的私心得以扩张，对无限扩张的私心必须有限制，才能保持人的意识体系平衡。早期人类为限制占有财富的私欲而在社会实践中产生出社会意识。有了这种社会意识的作用，原有的本我意识则转变为自我意识。

三、自我意识的意识主体思维特性产生的机制

自我意识具有的意识主体思维特性表现在本体感觉进化形成主体感觉，同时这种意识主体独立形成一个信息体系，完成以我为主体的信息运作，具有独特的自主性。

人类本我意识思维功能有静态思维和动态思维。静态思维是延续猿类动物的思维方式，思维后直接产生行为应答。动态思维是一个为复杂的思维过程，总是围绕感觉中枢传递的感觉信息，进行对比、分析、判断，并根据不同情况做出适宜应答。动态思维不但产生行为应答，同时在思维过程中产生新意识，并进化出新的“意识主体”。

大脑动态思维产生“意识主体”，产生的目的是为了更加有效地进行思维，是经生命意识目的行为思维功能在衍射性思维后形成的高级信息处理系统。因此，生命意识或本性意识含有的目的行为思维衍射成新的“意识主体”的思维，即变成人类个体的自我意识的思维。这是大脑利用神经脉冲的兴奋和抑制的变化而形成信息的转变系统造成的结果。

大脑思维活动过程有一个信息传递运行机制，是一个复杂的过程。神经元之间传递信息是依靠电信号从神经元向末端神经纤维进行传递的，并到达突触。电信号的刺激使储存在突触小泡中的神经递质释放到突触间隙，再将信号传导到下一个神经元。信息的传导首先是靠电信号进行的，但突触多数情况下不能兼容电信号，电信号在此转换成化学信号，在下一个神经元中再次变成电信号后被传递下去。在信息传导中，电信号和突触中的化学信号经过绝妙的匹配，使某种刺激和兴奋瞬间就能穿过神经元的网眼。这种信息传递，基本上是一种生物电化学的过程。在轴突细

胞膜内侧和外侧的液体中，存在着大量的钠离子和钾离子。由于细胞内外离子数不同，形成正负不同的轴突电位。电位波在正负电位变动中形成波形电位脉冲，称为峰电位或动作电位。这种电位脉冲的离子交换过程在轴突的下一个毗邻位置上发生，依次向下一个轴突远端传播。神经电化学活动实际是钠钾离子进出轴突依次向远端传布的波动式过程，对应一列峰电位而进行的运作，称为神经冲动。神经冲动的电位波动振幅是恒定的，不衰减，频率则可在每秒几次到每秒500次变化，神经活动的信息是由动作电位的频率数值表达的，它的信息传递可通过电位波的频率相应编码来实现。同时，神经冲动传递过程中，许多化学物质参与其中，如胆碱类、单胺类、氨基酸类和肽类等。由于化学物质的多样性、编码系统的复杂性，使大脑的信息传递呈现出无穷无尽组合方式。

现代科学的研究表明，人的意识与思维活动的中心位置是在头脑，有意识的思维活动（或心理现象）主要发生在大脑顶端后部的大脑皮层中。这种思维活动并不是直接发生大脑皮层的神经元的结构成分中，而是与这种神经元的特定电化学活动——神经冲动相联系的。当大脑停止神经电化学活动时，这种思维活动（心理现象）也随之消失。所以，有意识的思维活动（心理现象）直接与大脑皮层的神经电化学活动相联系。

人类自我意识来自大脑皮质层区域与丘脑间的生命信息折返活动，以及大脑皮质层与皮质层下结构的交互作用。丘脑皮质系统进化得越大，特定丘脑核的脑量随之增加，形体变大，大脑皮质层同样增加重量与所占空间[1]。大脑内部丘脑以及皮质层系列

① 据查证，黑猩猩脑重约420g，大猩猩脑重约500g，蓝田猿人脑重约850g，北京猿人脑重约1075g，现代人脑重约1450g。

进化事件经初步测定约2亿年前，由爬行类向鸟类进化过程中分化出哺乳类动物后开始发生。正是由于大脑进化出许多皮质层区域连接到一起的冗余折返回路功能将大量的感知信号联系到一起，识别和区分许多感知的类别，并通过多种组合将它们与记忆联系起来。由此可知，人的自我意识主体感觉的形成有特定的生理功能进化基础，没有大脑及其内部生理功能的进化就不可能有这种主体感觉产生。

自我意识主体感觉的产生是信息运作的结果。意识主体信息运作的模式与个人自我意识思维功能的能力相联系，体现每个人智商、情商等方面各自差异性及独特个性。

人眼器官布满接受感觉的视觉细胞，可以接受物体（或物品）形状、颜色等刺激信息，并将受到的刺激信息即刻转换成相关生物电脉冲信号，传至神经细胞及有关神经通道中。视觉信息是头部感觉器官信息，不经过脊髓，直接传到脑干。人所需的大多数信息是依赖于视觉。根据科学研究表明，人从视觉中获得70%~80%的外界信息，视觉也是最发达的。

进入大脑的信息首先进到丘脑，其作用是粗略地整理进入大脑的信息，这是识别物体之前的准备阶段。由丘脑对信息进行整理加工后，这些视觉信息终于被传到大脑皮质视觉区。视觉区对外界闯入、由丘脑整理加工后的信息再作仔细分析与研究。进行分析、研究的是该信息的有关形状、颜色以及明暗、活动、与周围的位置关系等。分析、研究结束后，外界的信息终于在大脑内形成具体的图像，由大脑识别物体是什么，即人在此节点判断该物体是什么，这一连串信息运作是瞬间进行的，人则在看到出现眼前的物体后即刻做出判断。

当外界信息到达感觉区时，通过特定电化学反应，人就能识别物品形状与颜色，同理，听觉、嗅觉和味觉信息也这样使人听到声音、确定食物气味和味道。触觉信息感觉器官主要在人体皮肤和肌肉等体表组织，接受刺激信息后，从神经细胞传递到脊髓，再从脊髓传递到脑干，并经脑干的丘脑传递到大脑皮质的感觉区。这与视觉、听觉等来自头部感觉器官的信息直接传到脑干的传递途径不同，到达大脑皮质感觉区后的其他运作过程则类同。我们闭着眼能够摸到鼻子，可以准确无误地抓到头部瘙痒，这是因为神经系统产生的本体感受，能够知道自己的手、脚与身体其他部位的相对位置，使自己保持方位感并控制身体不同部位的运动。实际上，人的身体各处都遍布特殊的本体感受器官，大脑通过这些感受器官及神经系统相关信息运作，调控与主导肢体动作。有关信息运作还与视觉、听觉等五官感受器官协调一致，保证身体各个部位不会孤立运动。

第三节　自我意识主观认知事物的特性

自我意识具有自主性和主体感觉特性。因为有了这些特性，意识主体就具有认知事物能力与选择态度。

在人类认知周边事物过程中，自我意识思维功能具有主观认知事物能力。当一个人第一次看到某个东西，先感觉到这个还从未见过，不知道是什么，能知道所看到的东西是什么，是因为大脑已经有了它的相关信息；听觉也一样，能听懂的语言，是因为大脑已有这类语言信息。大脑中记忆的事物信息就是认知事物的基础，信息记忆得越多，对事物的了解会越深刻。通常将储存在大脑的各种事物的信息称之为事物的样本。外界客观存在的事物，成为人的大脑中的信息称作客体样本。客体样本是客观存在，最先在大脑中建立的概念。感官信息需经过大脑思维，才能在大脑中建立样本，初期的思维是读取感官信息。人的感官采集到许多样本信息，要在大脑中建立样本，还要经意识主体的选择。如果没有意识主体选择，虽已见过，但大脑却仍没有印象。客体样本是意识信息体系中，具备完整性并能独立存在的图像信息。

人类初期大脑的客体样本就是记录生命轨迹，即一个人的一生时空信息，由一个又一个在某段时间内的客体样本组成。大脑内海马体为记忆这些信息的中枢组织。当大脑进化生成新皮质，思维功能更加强大以后，在新皮质脑区发生样本信息集结和联结，形成新的记忆单元，称为“主体母本”。它是客体样本和有逻辑关系的客体样本发生联结而组成的信息体系。

主体母本在动态思维中有独特的功能。因为它联结有关联的客体样本，如乌云与雨，还联结与之有关的其他信息，如风、白云、蓝天、太阳、阳光等。随着人类大脑思维能力增强，大脑将与样本有关的、直接或间接的客体样本共性的东西都能联结，形成一个信息体系。由于这个信息体系既联系与客体样本有关联的各类样本，又容纳思维意识主体自身的感觉信息，这样就使主体母本得到了进化。

人类大脑成熟的客体样本，都成为主体母本。它已包含意识主体自身的感受、感想、看法、意愿等主观因素。实际上，主体母本通常包含客体样本和意识主体感受两个方面的内容。当一个人回忆自己一件往事时，一般都能说出当时的感受，这是因为，当记忆的母本再次激活，释放的不仅是客体样本，还有意识主体感受。

人的思维均以自身认可的逻辑关系将主体母本联结起来，

构成一个完整的主观世界。其中，逻辑关系是人类思维活动的主要依据。一个人的世界观、性格都与母本结构有关，不完整的母本结构会束缚人的视野，产生偏颇的意识理念。改变一个由思维意识确认的逻辑性构成的信息体系会很困难，需要由实践操作性条件反射机制作用，即在实践中接收到实际经验教训才能完成。

人的自我意识其实就是对事物的认知和态度。因为意识主体的母本既包含客观因素，更多地容纳了主观因素。它不但可积累客体样本各方面信息，还可以容纳意识主体对样本主观上的看法。一个人接触某一事物，会产生意识主体感受。这都是主观意识，对客观事物或客观世界的认识与理解。

总而言之，各种感受信息的动态处理，是样本信息经思维功能按逻辑性进行联结，形成母本结构。结构的信息体系具有知识性、经验性，并在大脑中进行记忆、储存。人的思维能力、逻辑性依赖这个信息运作的功能。人的思维能力所需的不仅是知识和记忆，还有经验积累。哪些信息是有效的或无效的，需要凭积累经验进行选择。经验同知识与记忆相结合，导出没有的创新思维。人类大脑中的各种样本信息，构筑了一个可以自由动态思维、进行形象联结的思维空间，是一个创新的空间、创造的空间。

随着知识的积累，人的自我意识在不断地进化。某种意愿满足后，会产生新的想法，有更高层次上的要求。永不满足是一种功能特性，这种特性使得人类及社会处在不断地创新和进化之中。

第四节 人类意识的生命形态特征

地球上各种不同的生命形态具有生命形态基本特征，包括新陈代谢、自我维护与遗传特性。人类自我意识主体形成以来，它的生命形态和特征是其成为高级生命形态生存的重要基础，也是作为高级生命体的重要又独特的基本特征。

一、自我意识主体的生命形态特征

人类除了具有生物属性的生物主体生命以外，还有一个具备社会属性及精神属性的意识主体生命形态。意识主体生命是看不见、摸不着的意识现象，是人们相互沟通、进行交流、学习的主体。人类能够进行互动，就是因为有自我意识主体生命，而动物机体具备的意识是生命意识，只是维护生命的意识。生命意识由基因遗传而产生，人类意识由信息运作而生成。意识主体生命是认知意识的信息体系，由目的行为思维功能操控和运行而形成，变成自我意识主体的生命形态而存在。

人类自我意识主体生命形态基本功能是信息处理，就是思维活动。这种思维活动能组织自己的信息体系，还会成长，具有自主性。在成长中，出现社会意识，产生情感意识，不同的社会意识、情感意识构成不同的意识个体，造成人与人之间的个体差别。

（一）自我意识主体的信息运作系统

自我意识主体是独立生命形态，最主要的生命特征就是具有信息运作系统，进行信息处理。在信息处理过程中，首先产生认知意识，是由母本结构提供的。母本结构在实践中形成，主要由社会进行传承。社会传承的社会意识，则由社会环境决定社会意识和情感意识，或者说，由社会存在决定意识主体生命的形态。意识生命形态是社会的作品，什么样的社会塑造什么样的生命形态。

人们将自己身体生命看作第一生命形态，在第一生命形态基础上产生的自我意识主体则是第二生命形态。它由时空信息、母本信息及运行的目的行为思维功能处理程序构成，是各种生命信息，感官信息整合起来的信息体系。生命中看到的每一本书，接收的每一个信息，学到的每一个知识，经历的每一件事，都是自我意识主体生命的组成部分。人生的经历塑造了意识主体生命，不同的经历创造自己的人生。那忘却了的孩童记忆，熟悉的学校，儿时的朋友，故乡的山山水水，过去的一切，都是一个人的生命。已经忘却的记忆，逝去的时光，正是每个人已经消失的意识主体生命形态。

意识主体具有自我完善，形成一个独立信息处理系统。例如，张海迪的身体残缺，并不影响她有一个坚强意识主体生命；而一个精神病患者，虽然身体健壮，但不代表意识主体生命的健全。一个人的生物属性生命与自我意识主体生命是两个不同的生命形态，人是两种生命形态的统一体。作为生物属性生命都有自身的生理统一性作用，作为自我意识主体生命也有自身的逻辑结构，并有自身的社会统一性作用。

（二）自我意识主体具有生命形态的基本特征

生命形态的基本特征有新陈代谢、自我维护和遗传特性，自我意识主体生命形态同样具备这些基本特征。

1. 新陈代谢

意识主体生命新陈代谢的“营养”是新信息。新信息是意识主体生命的精神食粮，生命过程就是信息不断地进行更新。思维活动是意识的基本活动，思维不仅整合原有的信息体系，使之条理化、有序化、逻辑化，实际上是建立和完善母本体系，就像身体在成长。感官接受各种信息，思维过程则进行不断地刷新处理，抛弃无用信息，保留有用信息，并将有用信息构筑成新的信息体系，维持意识主体生命的活力。对于过往的事，人是会慢慢忘记的，原因就是思维对信息的更新处理，将一些记忆当作无用信息进行更新。

意识主体生命对信息内容有选择性，有的感兴趣，有的不感兴趣（意识主体信息系统的要求）。如果一个人与外界没有任何信息沟通的人，那么他只能进行回忆与思考，实际上是消化贮存信息以维持精神正常，长此则可能发生精神崩溃，甚至产生精神分裂症状。新的感知信息是意识主体生命所需要的精神食粮，是它进行思维的动力，能使思维活动更为活跃。意识主体生命需要的精神食粮不一定是一次文化大餐或一个有趣的话题，走出去观赏一下自然风景，沐浴一下阳光雨露，只要是感官感知的信息都是一种精神食粮。

2. 自我维护

自我意识主体生命对外界的应答机制体现在独特的性格以及喜、怒、哀、乐等情感意识方面。坚持自己的观点、坚信自己的理想，接受有利的、排斥有害的，都是意识主体的自我维护。人类社会的纷争是两种生命的竞争，第一种是生物属性生命的生存竞争，是利益之争；第二种是信仰之争，是意识形态之争，是意识主体生命或所延伸与联结成的社会意识主体之间的生存竞争。

两种争斗有时相互关联，相互转化。学术观点的争论，哲学流派的批判，艺术的争鸣，都是意识主体生命的自我维护。

3. 遗传特性

意识主体生命的遗传特性为艺术、文化、知识、理想、信仰的社会传承。社会传承是一种潜移默化式的传承活动。人类传承的专业机构是学校，学校的教育延续意识主体生命。

二、现代人类个体自我意识成长特征

人类个体都有婴幼期、青少年期、中老年期等成长阶段，不同阶段个体自我意识主体生命具有其形成、成长与成熟等不同的进化阶段性。

（一）婴幼期初级自我意识形成阶段的特征

人类个体主体意识“主体我”是作为了解者的自我，即主体对其自身的意识，大约在2岁以后逐渐形成，从儿童出生后8个月开始至3岁左右，是自我意识发展的初始阶段。他们已体会到自我的存在，不过只是对自己躯体的认识。这一阶段的儿童，在心理上开始出现如羞耻与嫉妒等特点。据幼儿心理研究表明，1～2岁以后的孩子能够开始对自己有所认识，这是自我意识萌芽的表现。

自我意识既是人对自己的认识，是自己与周围事物的关系的认识。它的发生与发展是一个复杂的过程，主要是个体经过学习和生活实践逐渐形成的。婴儿早期还没有这种意识，没有自己这个概念，不认识自己身体的存在，所以他们会吃手，抱着脚啃，将自己的脚当玩具玩。以后随着认识能力的发展，逐渐知道了手、脚是自己身体的一部分。1～2岁的孩子有了自我意识，表现在知道自己的名字，能用自己的名字来称呼自己。这表明孩子开始能将自己作为一个自我主体与别人的名字区别开来，并认识自己身体及手、脚等部位，还能意识“疼痛”与“饥饿”等感觉。特别是学会走路以后，能逐渐认识到自己发生的动作，感受到自己的力量，这些是幼儿最初级的自我意识表现。当幼儿会说出“我”“你”代词以后，自我意识的发展有了明显提升，开始将自己当作意识主体来认识周边客体。3岁以后，幼儿开始出现自我评价能力，这是幼儿自我意识形成阶段初期，主要通过亲身经历、他人、环境等获得自我意识。

（二）青少年期自我意识成长阶段的特征

随着言语和自主运动能力的发展，儿童逐渐更多地依靠自己。学龄儿童期，他们行为的控制渐渐地从依赖父母而转向儿童，同伴与团体变得越来越重要。他们自我概念和情绪理解能力在发展，独立性、自我控制以及自我照顾的能力在发展。他们思维中有一点自我中心，但是对他人观点的理解能力在成长，随着不断内化他人的期望，会形成一个用来评价“真实自我”的“理想自我”。由于他们社会活动范围扩大，会从更多的人那里获得关于自我的信息。

青少年学龄儿童期突出的特点是随着运动技能发展，思维和语言也发生惊人的变化，儿童开始建立与同伴的关系，对自我、道德及友谊、同伴团体有了理解。在后期，自我中心开始消退，开始具体而有逻辑性的思维。在记忆和语言技能不断增长基础上，认知发展让他们从学校教育中学有所获。

青春期由于他们成长为成人的体格以及性成熟，思维变得抽象和理想化，学业能力显得重要，并专注于对个人自我价值与目标的确定，形成脱离家庭的自主性，在某些态度与行为上会反映出不成熟的思维特点。青春期青少年大脑的变化为多种认知技能提供了支持，包括更快的信息加工速度、注意、记忆、计划、整合信息的能力以及自我调节。

自尊作为自我的总体评价，是基于青少年各个不同领域自身具有能力的评价。随着年龄的增长，在学业能力、社会能力、运动能力、身体外貌等多个方面的状况变得越来越清晰，大多数青少年对他们自己的特点与能力能够有现实的积极评价，能够保持基本的自尊态度。

自我概念在青少年时期还没有完全巩固，处于青少年早期的个体其自尊有波动起伏，会被有影响力的事件改变。在不同的种族和性别，自尊的状况是不同的。通常情况下，高水平的自尊与父母的赞同、同伴支持、社会适应以及在学校获得成功等因素相关联。青少年及青春期这种自尊总体看是比较稳定的，并且在这一时期会稍有增长。

（三）中老年期成熟阶段的特征

自我认同感是由不断积累的对自我感知构成的。对自己身体特征、认知能力以及性格特征的，会整合到“自我认同感”中去。人到中年，通常会接触来自亲密关系的新信息，工作情景的新信息，社区活动的新信息，以及其他经验的新信息，在对这些信息做出反应的过程中，自我知觉一直不断地得以确认或进行修改。

大多数中年人的基本心理能力、自我意识思维能力达到顶峰，专业能力与解决实际问题的能力都具备很高水平。因此，能够保持一种稳定的自我感，或者说保持“自我认同平衡”。但是，有一些难以保持稳定或不能保持“自我认同平衡”的人，主要是没有适当调整自我认同感和整合新信息。只有自我认同平衡的中年人会正确认识发生的新变化，做出具有灵活性反应，对无法控制的东西欣然接受，面对未来不会慌乱，不会过分焦虑。

人到老年，尽管智力和记忆在某些领域逐渐衰退，但大多数人积极寻找补偿方式，其中与家人及亲密朋友的关系可提供重要心理支持。老年人的主观体验或自我认同感，主要是对自己在多大程度上实现了人生目标，对自己生活状况是否满意等方面。

到老年期，个体的某些智力能力逐渐下降，而另一些则相对稳定。人到80岁以后，某些认知能力会下降，环境因素及文化因素对智力下降的程度会有影响。如果个体社会经济地位相对较高，所处环境能够激发智力、人格具有灵活性、配偶乐观、对过去的成就感到满意，那么其智力下降的幅度就会较小。智慧老人通常更有活力，在面对身体及认知的挑战时会更有办法。这些智慧老人通常受过良好教育，身体健康并形成积极的人际关系，人格上更具有开放性。

随着家庭责任和职业压力的减退，中年时期生活习惯、经济收入、地位、名誉及话语权等发生了变化，如果老年人不适应这种变化，就会产生各种心理障碍。总体上，大多数老年人会逐渐接受新的生活，适应新的环境与生活方式。

综上所述，个体各个成长阶段意识主体生命显现不同的进化特征，婴幼期表现为初始形成阶段的自我意识，首先体会到自我的存在，随着认识能力的发展，通过玩要等学习、实践获得自我意识。青少年期逐渐形成自我评价能力的成长阶段特征，随着活动范围扩大，获得更多关于自我的信息、思维与语言能力增强，认知发展使他们对自我控制以及自我照顾能力提高，并对自我能够进行积极评价，保持基本的自尊态度。中老年期主要体现为中年人与老年人两类群体自我认同感和整合新信息的成熟阶段特性。大多数中年人的自我意识思维能力达到顶峰水平，保持自己“自我认同平衡”，并对来自各方面新信息进行积极整合，使自我知觉不断地进行确认或修改，正确地认识与应对新变化。大多数老年人的自我认同感主要是对自己多大程度上实现了自己人生的目标以及生活中各方面的控制感。由于家庭责任与职业压力减退，大多数老年人逐渐接受和适应变化的新环境、新生活，特别是智慧因素对老人自我意识体现直接有关。智慧老人更具活力，意识思维显现更活跃，更有灵活性。

第五节　自我意识主体的时空信息特征

各种不同的生命形态都具有生命时空信息存在特征。当生命向着高等智慧动物的进化过程中，每个个体都记录自己的生命时空信息。个体记录生命时空信息是生物进化的主要内容。

新的生命诞生后，面对陌生的世界，首要任务是熟悉环境，认清敌友，学会在复杂的环境中生存。高等动物建立生命时空信息，主要方式是记录生存轨迹。生存空间随时间的延续，环境发生的变化，生命对所处环境进行记忆，建立环境样本，目的是为了适应环境而获得生存。记录时空信息是生命的自然行为，是生存的需要。生命记录的时空信息与人类的主观记忆不尽相同，但它是人类主观记忆的基础。从物质的时空特征，分析生命时空信息的起因，有助于了解人类的主观记忆和形成意识生命的起因。

由于物质和运动组成了时空，天体之间的相互作用和运动构成了大自然的宇宙世界，这就是时空的本质。时空是存在的特征，生命是物质运动的一种特殊形式，是在特殊的空间环境中存在的物质形态。生命形态存在的空间叫做生存环境，一定的生存环境只能允许特定的生命形态生存，每一个生命都需要相适应的生存空间，生存空间是生命存在的基础。生命个体在适宜生存空间的作用范围，是生命个体的生活空间。生命活动即是生活过程，构成生命存在的时间；每个生命个体只能在一定时间内生存，即为生命的寿命。生命个体生存的空间与生命存在的时间，构成生命的时空信息。

生命时空信息首先是空间环境信息，由空间环境和位置两个方面组成，生命不仅要了解所处的环境，还需要能够知道所处的空间位置。时空信息对高等动物至关重要，可使动物知道自己所处的空间位置，在竞争中确定努力范围、活动范围、活动路线等。

低等生物生存空间小，对环境信息要求较低；高等动物的活动空间范围较大，生存环境复杂，对环境信息的了解要求更高。高等动物的时空信息是多层次、多方位的，是生存的一切轨迹，包括生存技巧、社交活动、生活规律、繁衍后代等一切活动。小海龟出壳后，本能地爬向大海，依靠的是基因传递空间信息；动物迁徙更多地依靠社会传承决定路线；多数动物建立时空信息渠道主要是生存的实践，还依靠“脑”来记录生存轨迹。

生命进化中不但形成记忆时空信息的脑组织，还形成了各种各样的感受器，来接收环境信息。不同的生物生存在不同环境中，产生不同的感受器。感受器接收信息的范围，根据生存的需求而定。时空信息由感受器能够感受的刺激信息决定，对时空信息进行记忆的神经组织主要是大脑边缘系统中的海马，其基本的功能是记忆。

每一种记忆，都有时间效应，作为生命进程中的事件被海马体记录，时间效应更为明显。海马作为生命时空信息的记录载体，不但具有空间的几何特性，还具有先后顺序的时间特性。随着时间的推移，海马会将旧的、久远的记忆信息，进行模糊化、刷新处理。所谓模糊化就是将久远的、相同的、类似的信息、概念合并，形成一个模糊概念，用以储存；刷新就是遗忘旧的，储存新的。海马记录的生命轨迹——时间被浓缩成一个个不连续的点，曾经的生存经历只是一些模糊的片段；作为生命进程被海马记忆的事件，会在海马刷新处理中逐渐被遗忘，一个事件严重影响生命的进程或者事件在生命进程中反复出现会被加深或重复记忆。海马在刷新处理过程中，遵循大数法则，虽然多次重复出现的事件，合并后相同事件却只有一个概念。

不论是动物还是人类，时空信息是认知环境的基础，对于人类，时空信息是产生意识生命的基础。有了时空信息体系，生命才能给自己定位，知道自己与客观存在、人文环境之间的关系。对于人类的心灵意识，时空信息就是过去的生命，抹去这些信息，生命会失去存在的意义。

综上所述，物质和运动组成了时空，即生命体生存的空间与存在的时间，构成了生命时空信息。时空信息就是过去的生命，人的生命进程由大脑中的海马体记录、储存起来，成为人的记忆。同时，生命进化中形成记忆时空信息的载体——海马体。智慧动物生命个体都记录自己的生命时空信息。人类自我意识主体形成后，时空信息不仅成为其生存的重要基础，而且成为重要而独特的进化特征。

第五章 人类思维的进化

地球上的一切花朵，都没有人类的思维之花那么绚丽，正如恩格斯在《自然辩证法》导言中所说的，思维是意识或精神显现的“地球上最美丽的花朵”。思维作为一种心理现象，是人脑对客观事物一种概括的、间接的反映。它反映客观事物的本质和规律，是在人的实践活动中，在感性认识特别是表象的基础上，借助语言，以知识为中介实现的。实践活动是思维的基础，表象是对客观事物直接感知过渡到抽象的一个中间环节，语言始终参与整个思维过程。

思维活动的形式主要包括形象思维、逻辑思维、创造性灵感思维和社会性与情感性思维。

第一节 形象思维的进化

形象思维既有信息的沟通作用，也有深层次情感交流的功能。通过形象思维，能引导人们进入艺术创作的空间，能帮助我们听懂音乐语言所表达的情感，当我们听到布谷鸟的歌声，通过形象思维，即会想到春天来啦！可见，形象思维是意识主体生命的依托，如果失去形象思维，心灵意识无法存在。形象思维使我们的情感得以表达，使人类意识得到进化及升华。

一、形象思维是意识主体思维的基本形式

人类意识主体进行思维的基础元素是客体样本，母本样本是由客体样本通过思维联结而成。感觉器官接受的感官信息经感觉中枢解码合成后的样本即为图像及语言信息。眼睛是心灵的窗口，观察事物的外表形象。人所需的大多数信息依赖于视觉。视觉感受外表形象包括事物的大小、颜色、形态等，其他感觉器官接受气味、声音、振动、温度等。形象是样本最直接的表象，具有直观、全面、形象等优点。每个事物外表表象或者宏观面构成各不相同的客体样本，意识主体的思维便是将这些外在表象或宏观面进行物理联结和形象联结。

形象联结就是人类意识主体的基本思维形式。思维依赖大脑及人体的感官系统，接收的样本信息是思维的主要依据。失去事物的样本信息，就是失去思维的对象。人类在发怒时保留了动物的思维习性和生理反应，如脸红、横眉瞪眼、大声吼叫等，以外表的形象给对方造成自己不可侵犯。这些源自动物的被动形象思维，在人类个体上仍有留存或继承，同时人类意识主体形象思维作为基本形式已经得到进化。

二、形象思维依赖事物的形象感官信息

人类意识主体没有接收到形象感官信息时，就无法进行思维。例如，电磁场是客观存在的事物，但人们在研究电磁场时，需要先建立形象模型，用磁铁石放玻璃下方，呈现一种磁力线的排列形状，通过它的基本性质和一些实验结果建立数学模型，利用数学模型对电磁场进行指导分析。如果失去模型，思维就失去对象，无法进行正常思维。母体样本构筑要素是形象样本，失去

形象样本就无法构建母本。人与人之间的社会交际，首先是形象信息的沟通，一个人的外表是最先传递给对方进行思维的元素，其次是语言、肢体动作等感官信息，大脑的思维通常是从外表形象开始。

形象思维早期，是一种生物思维，是意识主体在客体样本的作用下被动产生思维意识，如闪电时很快就听见雷声，会引起山火，大脑会有这种形象之间关联性记忆，当看到闪电，会出现雷声和火的形象。这种联结包含着两个层面，即信息层面与物理层面。信息层面是信息生成的特征；物理层面是神经元生成突触，或生长新神经胞体，神经兴奋传递网络。信息层面与物理层面的作用，都可以形成思维意识。思维初期是物理联结、信息联结，主要形成思维意识。通过物理联结、信息联结后，才可以产生形象联结。

早期的思维意识就是生存习惯，由社会传承，逐渐积累起来。形象思维的初级阶段对客观事物的认识，都局限于事物的外在表象，并由现象引起被动思维。

三、形象思维进化的特征

人类的形象思维分为被动思维、主动思维、创造性思维三个阶段。它的初期是被动产生认知，是大脑在感官信息作用下将存在关联性的形象信息被动地联结，其本质是“条件反射”，主要是相关联的信息之间建立物理与信息联结，奠定形象联结的基础。这种早期的被动形象思维是生物思维，是被动思维的特征。

人类意识主体的思维为主动思维，是形象思维的第二阶段。当生物思维完成物理与信息联结以后，才能逐渐进化为意识主体的思维。这个时期是思维主体更换期，也是思维方式的更换期，从物理与信息联结更换为形象联结。类人猿等动物的一生都是形象思维的初级阶段，主要是形象联结不能形成母本结构，没有产生认知意识，没有独立的意识主体。人类大脑发达后，大脑中客体样本联结的内容更为丰富，在重复动物被动思维过程中，多了一些“想法”与思考，并将这些东西作为意识融合在信息体系中。

形象思维的第三阶段，即创造性思维起始于人类关注事物之间的逻辑关系。陶土文化反映人类具备了简单的逻辑思维能力，产生了真正的意识主体。逻辑思维是形象思维的高级阶段。人类与类人猿动物的思维区别是从逻辑思维开始的。青铜文化标志着人类已具备逻辑思维能力。

第二节　逻辑思维的进化

由形象思维初级阶段发展到逻辑思维阶段，是人类意识主体逐渐走向成熟的过程。逻辑思维是意识主体开始了独立的主动思维。逻辑思维是人类意识主体的思维，能够进行逻辑思维说明人类意识主体对事物认识从懵懂状态中开始觉醒。

一、逻辑思维的形象思维基础

逻辑思维是人类特有的思维能力。逻辑思维是理顺事物形象之间的逻辑关系，是形象思维基础上进行对比、判断、运算的处理过程。逻辑思维理顺事物逻辑关系可分两类：一类是具有感官信息特征却没有直接关联事物之间的内在联系；另一类是不具备感官信息特征的事物之间的内在联系。

对于前一类事物之间内在联系，逻辑思维是通过现象探索事物之间的内在联系。例如，阳光与植物是两种独立存在的事物，表面无直接关联，但植物生长离不开阳光，因此逻辑思维就是探讨它们的内在联系。某种事件发生，总有它的起因，与其他事物之间有内在联系。有的内在联系是一种因果关系，有的内在联系是在特定条件下才能发生，有的内在联系是偶然事件，逻辑思维就是探索事物之间发生作用的相互关系。自然界本身处于相互联系、相互作用之中，事件的发生有各种因素，这就要依靠人的逻辑思维能力进行分析判断。科学研究、科学实验就是通过现象探索事物之间的内在联系。

对于后一类事物之间内在联系，需要树立形象模型才能够进行逻辑思维，模型是逻辑思维的对象。例如，电子是原子范围内的一种微观电作用，没有确定的方向与轨迹，只能用电子云来描述它在原子核外空间某处出现作用的概率。失去电子云图，就无法描述电子作用的空间分布，而实际并不存在类似的电子云。数学模型是用来研究事物的数量、结构、变化而建立起来的抽象模型，通过这种模型可对事物的空间结构、数量变化、变化规律进行逻辑思维。通过数学表达、运算、公式推导，不仅可了解事物的量，还可描述空间结构、性质，发现事物的变化规律和运动趋势。对不具备感官信息特征事物内在联系的逻辑思维时，必须树立形象模型。形象模型是逻辑思维的对象，也是逻辑思维常用的手段。

二、逻辑思维形成新的信息结构

模型结构在大脑中成为母体样本结构。逻辑思维的过程便是完善母本，形成新的信息结构。被动思维是样本联结成母本。逻辑思维是对母本结构有序化、条理化、逻辑化。完善母本结构可以有客观因素的作用和主观因素的作用，被动思维是客观规律作用于母本体系，通过实践对母本结构进行充实、修改，任何一种理论体系都有待在实践中不断修改完善的过程，都需要经过实践来检验。逻辑思维则为主动接受检验，是主观的主动性，通过实践不断地纠错来完善母本结构，从而形成新的信息结构。

逻辑思维的依据是事物运动、变化的客观规律。任何事物都有其存在特征与变化规律，会在人脑中形成思维意识。当大脑进行意识思维时，会通过思维意识，引用、沿用这些特征与规律。逻辑思维就是运用大脑中现有的知识与已经形成的思维意识做分析与思考。

三、逻辑思维进化的特征

逻辑思维是意识思维，又是主动思维，因此具有人类意识主动思维的进化特征。意识能主动思维是成熟的表现。思维模式的变化，总是伴随人类意识的成长而变化，思维方式的进化决定人们的智慧。

从形象思维初级阶段发展到逻辑思维阶段，是人类意识逐步走向成熟的过程。人类最早的文字都是象形文字，是岩画的延续与发展。世界各地早期文字多种多样，主要有古埃及文、苏美儿文、古印度文与中国的甲骨文等，各种文字独立产生，却都用事物的形象作为文字所表达的内容，这与思维模式有关。人类早期只有被动的形象思维，只能用图形表达想法，文字是图形的延续。大约在6000年前开始产生象形文字，从远古岩画到象形文字，经历了近两万年的进化发展[①]。图形所记录的是被动形象思维的历史，岩画仅反映出某个场面，而象形文字叙述的是某个事

① 顾坤明.生命与意识的起源[M].北京:九州出版社,2014:131.

件。文字标志着思维方式进入逻辑思维阶段，具有主动思维特征。

早期的象形文字主要用于卜卦，预测天灾人祸。卜卦形式所传递的是人类当时的意识形态。卜卦（龟卜）中带有一定的逻辑推理，说明人类当时具有的逻辑思维倾向，其本质是在探索事物形象之间的逻辑关系。卜卦虽带有迷信色彩，但它掩映的现象来自生活实践，是对自然规律长期观察的结果。用现代科学的眼光看待它，具有哲学探讨意义，同时也反映出当时人类思维由被动形象思维提升到主动的逻辑思维。

第三节　灵感思维的进化

灵感是创造性思维活动的特殊状态，具有最佳的创造性思维能力。灵感是以已有的经验和知识为基础，将创造性想象力和记忆力巧妙地融合，从而使问题得到解决。虽然灵感不是逻辑推演的必然结论，但它是人对客观事物的反映，是大脑的一种机能，将灵感神秘化，或否定它的存在，都是不符合客观实际的。

一、灵感的创造性思维特征

灵感是以创造性活动中艰巨的劳动与科学探索为前提的，离开了创造性劳动，离开了解决问题的目的，是不可能出现灵感的。研究与探索某个问题，必然要经过长期的思索，在大脑中建立起许多暂时的联系，这时潜在意识的作用，一旦受到某种刺激或诱发，问题就会得到解决。

灵感具有突发性与瞬时性。灵感常常发生在出其不意的刹那间。灵感之所以使人感到玄妙，是因为它与逻辑思维不同，逻辑思维是有意识的，而灵感触发是不知不觉的。例如，药物学教授洛威在研究神经递质时，一天夜里醒来，突然想到一个极好的实验设想，但他当时没清楚记录下来。第二天他在实验室整整坐了一天，面对仪器，却怎么也回忆不起那个设想，到了晚上时仍一无所获。可是到了夜间，他又一次醒来，脑子里又冒出了前晚的设想。这次他仔细记录下了这个实验设想。第三天他完成了实验，证明了神经冲动的化学传递，使人类对神经冲动传递有了新的认知。

灵感思维与创造性思维的本质都是突破原有思维意识的束缚，建立新的逻辑关系。突破原有逻辑的束缚，违反常规，逆向推导，探索新的逻辑关系，是创造性思维特征。逻辑思维时，原有逻辑关系无法解决问题，大脑则要转换思维方式，突破原来的条条框框，寻找新的解决途径。违反常规、逆向推导，是变化的逻辑思维，是思维方式的进步。灵感思维不仅摆脱思维意识束缚，而且重新考量事物的逻辑关系，建立新的信息传递通道。另辟蹊径是创造性思维的特点。灵感思维是逆向思维、抽象思维及另辟蹊径的高层次的创造性思维。

二、灵感思维依赖知识经验与创新实践

灵感思维是在原有逻辑关系无法解决问题，通过转换思维方式，突破原来思维意识禁锢而发生的思维联结。它与知识和经验密切相关，知识和经验越丰富，思维空间则越开阔。同时，还取决于大脑整体思维意识，思维意识越丰富，思维沟通能力越强，禁锢作用越弱，灵感与创造性思维活动越活跃。

灵感与创造性思维要具有创造价值，而非异想天开，就在于知识和经验的积累。创造性思维的思维元素是大脑中记忆的样本

信息，其物理与生理基础是神经元构筑的神经网络。

灵感是不会从天上掉下来的，也不会像原来储存在大脑中的知识。它必须以创造者长期的探索性劳动为基础，是创造者长期辛勤劳动的结果。例如，阿基米德在检验希洛王的王冠是否掺假时，他便陷入了终日的沉思之中，正是经过了这种积极的创造性思索，才使他在洗澡时，脑中突然来了灵感，发现了阿基米德定律。

三、灵感思维是创新思维的萌芽

灵感思维是人类普遍存在的却又不经常出现的一种非逻辑思维。灵感思维的普遍性决定了天性不是产生灵感的主要成因，灵感的产生是有规律可循的。这种规律就是，以问题意识为前提，以足够的知识储备或信息资料为基础，以解决问题的反复思考为动力，以瞬间跳跃性思维的自我感觉为表现形式。灵感作为一种思维方式，其反复思考问题的意识和瞬间突发解决问题的自我感觉之间有明显的内在因果联系。自我感觉是自我体会到顿悟。顿悟源于反复思考后的思绪搁置或精神放松，因而在解决难题时，适时采用搁置问题、疏解紧张思绪的办法，非常有利于灵感的产生。例如，英国纺织工人哈格里沃斯有丰富的纺织经验，他经常思考怎样提高只能拉一根线的横绽纺车的效率，但始终解决不了问题。有一次，他与妻子闲谈时无意中碰倒了纺车，轮子底下的横装锭子依然飞快地旋转着，如同竖锭纺车，这使他茅塞顿开，进而发明了比横锭纺车效率高出8倍的竖锭纺车。

灵感思维是创新思维的萌芽，是解决难题的雏形，而不是完美解决难题的全部答案。这就需要对灵感思维进行充实、细化与完善。只有对灵感思维精心呵护，使之“长大成才”，才能根本解决难题。

第四节　社会性与情感性思维的进化

人类意识是由社会环境塑造而成，什么样的社会环境塑造什么样的自我意识。有什么样的自我意识，就会有什么样的社会性与情感性思维方式。在社会各个发展阶段社会形态以及自我意识不同，就产生不同的社会性与情感性思维方式。

一、社会性思维的进化

（一）原始时期的朴素与物化特征

人类原始时期，人们以石器、弓箭为生产工具，采摘、狩猎是主要物质生产劳动，向大自然索取天然生活资料来满足生存与发展所需。自然物、自然力成为人类存亡的决定因素，成为人们崇拜的偶像。这个时期的人类社群与自然融为一体，过着渔猎与采集等被动适应自然的天然经济生活。由此产生的原始人类意识的思维方式具有直观的、感性的、带着神秘色彩的朴素与物化形态等特征。当时人们思维方式的外在表现就体现在巫术、图腾、原始宗教等原始基本文化形态上。从实际看，巫术、图腾、原始宗教等文化形态有着前后的承续，也有相互的交叉，共同支撑起早期人类意识观念及思维活动。

1. 巫术是原始社会思维方式的一个物化形态

原始巫术曾作为一种广泛存在于原始社会中的前宗教，是当时人们试图通过某种仪式来控制周围世界的一种行为，是他们对超自然力量的一种信仰。它体现了人类早期历史时期原始的思想意识形态。它作为原始社会人们思维物化的一种形态，曾是早期人类生活与文化的重要组成部分，具有很强的实用性和精神安慰作用。人们利用巫术呼风唤雨，确保粮食丰收；利用巫术祛邪驱鬼，防止疾病免受灾害；利用巫术增强战胜敌人的信心，减少对失败的恐惧。更为重要的是，巫术的力量能够形成一种有效的社会控制力，让人们自发地驱恶扬善，避害趋利，从而起到规范和教化作用。正是这个意义上，有些带有实用性原则的巫术仪式，如求雨、消灾、求财、求福、求安等并没有随着历史完全消亡，更多的是演变成一种民间习俗或风俗自发地影响着人们的心理和思维方法。

2. 图腾崇拜是原始社会思维方式物化形态

在原始文化中，图腾崇拜是一种较为普遍的宗教性的信仰形式，也是一种非常独特的文化现象。图腾崇拜是一种最原始的宗教形式，构成了人类与自然，神灵与社会彼此联合、互相呼应的联盟。实质上，图腾崇拜不是对某种可见的物质形式的崇拜，而是对图腾标记、某些动物、植物等形态背后所充溢着的“力”的崇拜。这种力量是事物的本质要素，有多少个民族就有多少种力。图腾制度不是关于动物、人或者图像的宗教，而是关于一种匿名的和非人格的力的宗教。它见诸于所有这些事物，又完全独立于它所化身的对象，既先于该事物而存在，又不会随之而消亡。从宽泛的意义上说，我们可以说每种图腾之神，是非人格的神，没有名字或历史，却普遍存在于这个世界之上，散布在许许多多的事物之中。

原始社会的图腾崇拜，催生出集体意识及情感，这与无形的道德力一样，维系社会对于个人的优先性和社会的团结。图腾崇拜与禁忌紧紧联系在一起，进一步维系社会团结，增进集体意识观念，对原始人类饮食、婚姻、信仰及伦理道德具有约束和规范作用，成为原始人类另一种物化形态及思维活动方式。

3. 原始宗教是原始社会思维方式的物化形态

原始宗教是一种由信仰和仪式组成的较复杂的社会体系。它与巫术不同，宗教有教会，而巫术不存在教会。原始宗教是人类一切宗教的历史源头，是原始社会存在的精神文化现象。原始宗教就是人们对神灵的信仰与采取各种仪式作为表达形式。万物有灵观念构成原始蒙昧人的意识基础。在原始社会，人类在大自然面前显得渺小又脆弱，无力改变自然的进程，于是不得不依赖看不见的神灵权力，恳求神灵怜惜以及赐予一切美好的东西，保护自己免遭威胁等。正是从这个意义上可以说，那些认为有这种指导和控制自然与人生进程超人力量的信徒们从宗教得到抚慰。宗教对早期人类的生活实践和意识主体思维活动都产生过旷日持久的影响。

物我不分，万物有灵的思维特征是原始宗教的意识基础，也是原始人类企图把握人与宇宙万物关系的思维方法，即通过类比或联想以有限推知无限，以有知推测未知的主动性思维。

我们从巫术、图腾崇拜与宗教等各种原始文化形态中，探索原始社会人类内在的思维特征，可以了解原始人类意识成长社会特性与社会思维的朴素与物化形态特征。

（二）奴隶制与封建制时期的封闭性与禁锢性特征

漫长的奴隶制与封建制时期，狭小的生产规模，自给自足的自然经济，使人们思维方式带有封闭性与禁锢性特征。

当早期人类在形成群体自我意识并从蒙昧的天然状态觉醒，看到自身有别于自然界的自主存在。人类社群结成独立稳定的氏族部落而开始主动开发自然的农业社会生产。相应的，人类生活也从天然经济模式过渡到自然经济模式，农耕生产取代了狩猎与采集生活。人类社会生活方式由群体本位转向以个体为本位，开始了以个体或家庭为独立单位的生产和生活。

奴隶制与封建制时期就是个体或家庭为单位的小农经济生产与生活方式。小农经济社会环境塑造了这个时期社会意识和思维方式，而奴隶制与封建制的文化正好反映这种社会意识与社会思维方式。这种文化通过传承，维持两千多年，甚至还有一些传统文化、生活习惯被继承下来，左右着一部分人的社会文化性意识与社会文化性思维方式，有的甚至成了一种行为规范。

这些社会文化和社会意识，在我国最突出的和最主要的就是儒家的思想意识。它对构建封建社会体制起着深远的影响和作用。

我国优越的自然条件孕育了辉煌的农业文明，辽阔而自成一体的疆土促进了域内封建文化的融合与政治统一。在这个过程中，儒家文化因其具有的向心内聚性，吸纳汉族以外其他许多少数民族异域文化的包容性，同时又因疆域相对隔绝和人口规模都有利于这种文化的连续性，从而形成中华文化特质，能够保持长时期相对封闭式平静独立地发展。然而，必须看到封建文化的另一面，这种文化与社会意识是为当时统治阶层服务的，统治者充分利用这种文化与意识麻醉人们，欺压百姓，当统治者过分贪婪时，就会出现改朝换代，但是改朝换代并没有改变封建社会性质和思想意识体系。之所以出现这种情况，是因为封建社会的社会文化意识禁锢性以及制约作用较强，社会思维长期处于封闭的禁锢性的平衡稳定状态。

（三）资本主义时期的开放与个性自由发展特征

封建社会制度在建立之初，具有解放广大奴隶和促进生产发展的进步作用，但随生产力的发展，这种制度又成了压制人性的桎梏，使广大农民处于神权、君权与地主的多重压迫剥削之下。他们的意识主体生命受到严重压抑，阻碍生产力的进一步发展。文艺复兴运动的先驱通过意识主体生命的觉醒，正视自己的人身权利，宣告自己的人生价值与人格尊严。他们充分发挥人的意识主体作用来发现真理，勇敢地与封建制度做斗争，大力提倡人权，人的尊严与个性解放，推动了西方近代制度的变革——建立了资本主义制度。

封建社会体制消亡原因是社会体系受到工业革命的冲击，导致平衡稳定结构被破坏。工业革命发展了生产力，改变了原来的生产关系，破坏了人们意识体系的平衡态，使封建社会体制被瓦解。资本主义社会伴随着世界性工业革命而诞生，诞生后极大地促进科技、生产力的发展，同时产生的社会文化与社会意识解锢了封建文化、意识对人的思想束缚，使人的个性得以充分发挥。但是，资本主义社会文化与意识，并没有形成完整有效的体系制约自私意识或个人私欲。在这种文化意识氛围中，一方面人们在自身条件许可下，变得很有创造力，能充分地发挥个人的潜能，有利于发明创造应运而生，另一方面各种自由思潮随之泛滥起来。

资本主义社会文化与意识中的民主、自由、平等、价值取向等方面的理念，与实际存在的贫富差异加大，难以相互统一，造成人们心理的失衡。为维护资本主义社会体制稳定，一方面对外进行侵略、掠夺，提高自身的社会福利水平，平衡社会矛盾；另一方面制定各种法规、法律，增加国家专政机构，来维持平衡。

由于资本家的贪婪，导致没有制约的资本生产带来许多负面作用，如定期性经济危机发生，这些问题其自身很难解决。资本主义社会是特定环境下的社会形态，是一个社会发展期，同时也是个过渡期。在这个时期随着资本扩张及商贸经济发展，强化了金钱观念以及人权观念发展，促成社会文化性思维方式具有开放与个性自由发展的特征。

二、现代社会的理性化特征

现代社会自我意识社会文化性思维方式具有新的价值规范、文化精神与理性思维等现代性特征。它所展现出来的理性化思维特征，打破了封建、蒙昧的传统束缚，对人类社会意识以及生存环境产生根本性影响，深刻地改变着人们的意识主体思维方式与世界观。当今世界，正在发生人类社会政治、经济与文化方面深刻的转型，人们处在重大变化的人文环境之中，促使人们的意识主体增强现代性时代意识及理性化思维方式。

意识的理性化思维的显著标志即与传统的断裂。新的时代意识的生成，关键在于现代性所引发的变革造成人类历史进程中一次最为深刻的断裂。现代交通运输工具和电子通信技术等高科技的应用发展，极大地拓宽了人类生存的时空范围，互联网的普及已完全颠覆了传统时空概念，人类迈进了数字化与大数据及云技术时代。随着全球化、信息化、数字化时代的到来，人们不得不采用冷静的眼光来看自己的生活地位与他们所处的人际关系。理性化的时代意识思维方式在社会各个领域均发挥着影响，自觉的理性精神构成现代思维的价值理念。

在知识爆炸、信息膨胀的当今时代，新的科学和文化意识与思维渗透到人们生活的各个层面，对人们认知活动发生旷日持久的作用。越来越多的科学文化新知识，使人们自觉不自觉地将它们视为理所当然的东西，改变过去因循守旧、知之甚少，甚至愚昧无知的状况。人们通过电视、广播等大众媒体，兴致勃勃地接受着文化商品化及工业化的宣扬，许多影视、杂志、音响、广告等传播媒体发挥着时代性思想意识的宣传作用，人们不可避免地将自己的意识主体增添了广泛宣扬的时代意识，其实质都是现代性的社会意识及思维方式。

三、情感性思维的进化

人类的情感现象是自我意识主体信息运作中形成，是自我意识情感性思维活动的产物。

情感性思维的由来，可以追溯到类人猿本性意识中包含的爱、亲、友等动物性情感。这种动物情感现象的产生与发展，既有基因遗传的作用，又有社会传承的作用。动物的幼仔依赖母体等生命的依托感，在生存竞争中逐渐转化为爱、亲、友的情感显现。动物情感现象中“爱”的表现是延续种族及性需求的显现；“亲与友”是体现它们生存过程中的依赖关系，特别是群居动物中个体需依靠其他个体或群体才能生存时，亲与友是它们共同生活中建立的依赖关系。

人类产生自我意识后，深刻认识到自身父系、母系等血缘关系的重要性，在成长中也有着切身的体会，生命的脆弱和孤独加深了亲情意识。人类个体的自我意识成长到某个阶段，往往自发性强化情感性思维，出现爱情的表达，亲情和友情的诉说或表露。这些都是人类个体生命的依托与生存的基础需求。

人类个体的情感性是来自客观信息的集中接受，是感悟与理解。情感产生于意识信息流的喷发、发泄，这是认知理解与感悟基础上发生的意识信息共鸣。

人际间交往过程一般都会自然引发各种各样的情感。正因为有各类情感浸润，平淡的生活才充满生气勃勃。应该说，以爱和恨为定向的天然情感是人们生活画卷中最有色彩之处。同时，人们和谐交往与冲突两种类型都是交往过程爱与恨的情感性思维的实际显现。

自我意识体系的成长发展过程呈现三个阶段性，第一阶段“本我”，是天然的自我，本色的“我”。第二阶段是自我，这是产生了认知性意识思维功能的自我，能知道“自我”这个主体与客体的区别，能处理好各种人与事，行为有规，成为一个自由自在的我。第三阶段是“超我”，由自我中解放出来，情系他人或他物。不但有适应环境能力，还有改造环境的强烈愿望。意识思维已超出自我的范畴。由此可以表明，自我意识在成长发展的第三阶段，这种意识体系以情感思维方式发生了升华。这种升华有的显现为社会性与情感性融为一体。

第六章　社会意识的进化趋势

人类社会从组织形式上是由人的个体组合的社群所形成的，但社会不能看成是生物属性生命个体的组织机构，而是个体自我意识主体通过语言交流、意识沟通、目的互动而使其相互之间发生的联结。原始联结时，人们带有生物属性，即为获取食物、防御自卫、性的需求和繁衍。人类产生社会意识后，人与人之间的沟通，主要是意识之间的沟通，与动物群居，在性质上已发生变化。社会的组织形式总是与人类意识进化程度相吻合，同时社会意识还具有推进人类社会发展的作用。

第一节　社会意识的进化

人类出现的早期，人们的意识认知生与养的亲情时，母系社会结构由此产生，历史进入原始社会时代。原始社会后期，人们的意识产生财富、占有、享受等概念，便有了掠夺、剥削的奴隶制社会。接着产生的社会意识形成封闭状态，在一定范围内成长发展，人类进入封建社会时期。社会意识有显著的制约作用，使封建社会维持几千年。后来，人类工业革命时期使用机器提高了生产效率与掌握资本的作用，为推翻封建社会产生新的社会意识，资本主义社会便诞生了。因此，社会形态总是与意识进化状态相适应、相吻合。社会是人意识主体的外延，社会的发展标志着人类社会意识的进化。

社会意识在整体上反映社会的文明程度，是衡量社会发展的一把尺。它的强与弱，反映社会的觉醒状态，其强大就是社会进步的表现。

社会形态与社会意识主体进化程度是密切相关的。个体意识生命生成阶段，它外延的最初目的是为满足机体生命的需求。在与自然环境的抗争中，早期人类发现和掌握事物变化的一些规律，当这些知识变为群体意识之后，形成了社会的原始文化。陶土文化、玉石文化、图腾文化、祭祀文化等，都是社会形成期，社会意识的物态反映。社会意识可以左右社会行为，支配个体行为和价值取向，因为它代表大多数，是一种社会主流意识。

社会意识主体的主要功能是为维护社会的整体利益。这是维护社会统一性的一种意识，遵循事物统一性的原理。

个体思维是社会意识主体思维的一个组成部分，个人的知识、信息、思维能力、思维方式既有社会传承，又有一些创新，同时也体现社会整体文明程度与进步水平。社会意识主体思维是由个体思维来承担的，但要达到一个宏观的效应，就是个体思维能站在社会整体层面上进行思维，能引起其他个体的响应，形成一个共鸣。这是社会意识主体思维的一个整体性特征，它有别于个体意识思维。此外，它尚有连续性特征，即意识主体思维不能中断，需要承前启后。

现代人类所拥有的智慧和能力，是社会整体所拥有的。任何一项发明创造、技术革新，是人类整体智慧的结晶。作为发明创造者个人仅仅是他在某一方面取得新的突破性进展，不能脱离社会整体智慧和物质基础。

第二节　社会意识的作用

人类社会从整体的形态特征看，是一个有机整体，具有物质和精神双重特征。物质属性是它所决定的社会生产力与生产关系，两者构成社会经济基础；精神属性决定社会的文化、价值取向、宗教信仰、法律法规等，构成上层建筑。

社会生产依赖社会生产力，生产力是人类克服自然束缚、实现意识目标的能力，是人类改造自然的能力。劳动是生产的基本形式。社会生产力主体是有意识的劳动者，而不是技术、机器设备、资本。与生产力密切相关的技术、机器设备、资本等所有权的问题，由社会的生产关系来决定。

生产关系是社会存在的形式，如封建社会、资本主义社会就是从生产关系来做区别的社会形态。生产关系是意识主体在劳动中结成的合作关系。当人的本我意识放大后，增强了占有欲，有了财富、私有等观念与概念。这些私有意识形成了私有制社会，使劳动合作关系发生变化，成为社会物质的分配关系。既得利益者为维护其利益，建立相应的社会意识体系来维持这种状态，就形成了社会上层建筑。

社会上层建筑是为维护现有生产关系而产生的社会意识主体。构建社会上层建筑的目的是规范、制约、塑造人的意识主体，稳定、维持现有生产关系确立的社会形态。社会生产关系决定社会的上层建筑，上层建筑服务于社会生产关系。社会上层建筑体系是社会意识主体的精神世界，构建的社会意识主体主导社会机体运行和社会文明进步发展。

第三节　社会意识的进化趋势

社会发展变化离不开社会整体意识的影响作用。社会整体意识形成之前社会机体的组织结构形态一直发生着变化，如人类早期的洞穴社会、部落社会、以城池为中心的区域社会等，都通过社会思维产生意识。这些社会意识初期形成一种潮流、习惯、趋势，当时的古代社会文化代表了这种发展的趋势性。

社会整体意识在进入封建社会以前，属于形成期，呈现这种意识的主动性，构建封建社会的框架，社会机体结构发生联结。进入封建社会后，才有了社会整体性的雏形，有了国家的统一意识。这个时期社会成长主要标志为建立、完善各项社会制度，统一文字、货币、度量衡等，使社会形成一个完整的体系，同时社会整体意识体系就有了自身载体。资本主义发展后期运作模式为社会意识主体快速成长提供有利条件，这主要表现为经济社会化和全球化。

社会是个体意识主体的外延，社会意识主体发展是人类意识生命的一种升华。人类的社会意识主体升华的趋势是联结形成社会整体意识，其目的是达到社会机体更好的运转。

互联网的发展，成为人类社会机体的神经或为人类社会的大脑中枢。它既可以塑造个体的社会意识，同时个体的社会意识可以在这个中枢神经系统中结成社会整体意识，并由此来支配人类的社会行为。网络、舆论的控制权将是人类社会纷争的重要领域，影响社会发展的进程和方向。社会整体意识觉醒是社会发展的总体趋势。

参考文献

1. 比尔·布莱森. 万物简史［M］. 严维明，陈邕，译. 南宁：接力出版社，2005.

2. 布瑞德雷. 46亿年的地球物语［M］. 吴奕俊，译. 哈尔滨：哈尔滨出版社，2016.

3. 崔佳. 一本书读完生物进化的历史［M］. 北京：中华工商联合出版社，2014.

4. 达尔文. 物种起源［M］. 谢蕴贞，译. 北京：科学出版社，1955.

5. 董国安. 进化论的结构——生命演化研究的方法论基础［M］. 北京：人民出版社，2011.

6. 恩格斯. 自然辩证法［M］. 中共中央马克思恩科斯列宁斯大林著作编辑局，译. 北京：人民出版社，1971.

7. 方宗熙. 生物的进化［M］. 北京：科学出版社，1973.

8. 宫立江. 人类意识之源［M］. 北京：中国广播影视出版社，2015.

9. 顾坤明. 生命与意识的起源［M］. 北京：九州出版社，2014.

10. 郝瑞，陈慧都. 生物的思维［M］. 北京：中国农业科技出版社，1999.

11. 郝瑞，陈慧都．生物自主进化论［M］．大连：大连出版社，2012.

12. 贺苗．日常思维生成论［M］．北京：人民出版社，2013.

13. 赫胥黎．人类在自然界的位置［M］．蔡重阳，王鑫，傅强，译．北京：北京大学出版社，2010.

14. 秦震．临床神经生理学［M］．上海：上海科学技术出版社，1984.

15. 莱伊尔．地质学原理［M］．徐韦曼，译．北京：北京大学出版社，2008.

16. 李难．生物进化论［M］．北京：人民教育出版社，1982.

17. 林静．生物的演化：进化［M］．北京：中国社会出版社，2012.

18.《进化论选集》编辑委员会．进化论选集［M］．北京：科学出版社，1983.

19. 蒲济林，李永嵩．地球科学概论［M］．北京：现代出版社，2016.

20. 沈银柱，黄占景．进化生物学［M］．北京：高等教育出版社，2013.

21. 田运．思维科学［M］．杭州：浙江教育出版社，1988.

22. 王谷岩．了解生命［M］．南京：江苏教育出版社，1999.

23. 王小燕．科学思维与科学方法论［M］．广州：华南理工大学出版社，2015.

24. 王荫长．昆虫生理生化学［M］．北京：中国农业出版社，1994.

25. 维之．心智哲学问题新解［M］．北京：社会科学文献出版社，2013.

26. 吴鹤龄. 分子遗传学简介［M］. 北京：北京大学出版社，1983.

27. 吴汝康. 人类的起源和发展［M］. 北京：科学出版社，1982.

28. 夏甄陶，李淮春，郭湛. 思维世界导论——关于思维认识论考察［M］. 北京：中国人民大学出版社，1992.

29. 许茨. 社会实在问题［M］. 霍桂恒，索昕，译. 北京：华夏出版社，2001.

30. 杨清. 现代西方心理学主要派别［M］. 沈阳：辽宁人民出版社，1980.

31. 叶展辉. 无处不在的进化［M］. 长沙：湖南科学技术出版社，2013.

32. 尤瓦尔 · 赫拉利. 人类简史：从动物到上帝［M］. 林俊宏，译. 北京：中信出版社，2014.

33. 张向葵，桑标. 发展心理学［M］. 北京：教育科技出版社，2012.

34. 张振. 人类六万年［M］. 合肥：安徽人民出版社，2013.

35. 张宗炳. 遗传与进化［M］. 北京：人民教育出版社，1981.

36. 朱洗. 智识的来源［M］. 北京：新星出版社，2015.

附录：人类意识问题探研历程与现状

人的意识这个“心灵世界”是人类特有的神秘世界。人们对这个心灵世界已做了长期的探索研究。

一、20世纪80年代前的主要进展

人的意识存在形态是看不见摸不到的，正因为如此，人们才感到奥妙，同时对它进行很多思考与探索。早期人们大多认为意识在心脏，但却无法确定真实性。在“神灵”统领的时期，无论是古埃及或印度大陆，或中国，人们大都认为，上帝或天神给人类注入了心灵或灵魂。

多少年来，人们持续不断地进行心灵意识的探索。古希腊时期，科学萌芽逐渐破土，对心灵意识以及它的物质载体——大脑产生各种各样假想与推测研判。

古希腊的希波克拉底被尊称为“医学鼻祖”或“医术之父”，他对大脑做了较为深入探究，写下“人类的心灵——精神产生自大脑”而留传后世。他认为人的一切感觉和情感都是由脑产生，正是由于脑的存在，人们可以思维、理解，可以认知丑与美、善与恶、适意与不适意。

19世纪初，德国著名解剖学家加尔将注意力集中到大脑的表面即皮质层，认为不同的意识心理现象与大脑的不同部位相联系。他还设想，人复杂的精神活动与脑的某一部位相对应，由于这些部位的逐渐增长，从而形成大脑表面相应的隆起，决定人的性格或智力状况。19世纪中叶，法国医生布洛卡通过对失语病人尸体头部解剖，第一次将人类的意识心理与思维定位于大脑皮层的一定区域，并证实了大脑皮层语言区的存在和大脑两半球的功能存在根本性区别。此后，脑科学研究积累大量关于大脑皮层功能定位的确切资料。

20世纪初，俄国生理学家巴甫洛夫在他的《大脑两半球机能讲义》中系统论述条件反射活动规律，并探讨人类高级神经活动，提出第二信号系统的概念。条件反射是一种大脑活动方式，是高等动物和人类对客观环境刺激的适应性反应。巴甫洛夫认为，语言文字仅为人类独有，只有人类有两个信号系统。他还认为，人们周围世界的感觉是很现实的第一信号，语言器官所受到语言性动觉刺激是第二信号。第二信号是现实的抽象化，可以概括并组成人类特有的高级思维。巴甫洛夫不仅论述条件反射活动的规律，并提出学习是条件反射的建立过程，记忆是条件反射的巩固过程，条件反射是一种联合型学习记忆模式。他认为，人的思维活动是人对环境刺激的适应性反应。反射活动是神经系统活动的基本形式，包括条件反射与无条件反射两个类型，其根本区别在于前者是后天性的，需特定条件，后者却是先天性的，是在长期进化过程中形成的一种本能。同时，他还提出人类高级神经活动是两个信号系统共同协调作用完成的。

19世纪晚期至20世纪早期，国际上有关意识问题探索研究出现许多不同的学派。在众多学派当中，德国心理学家冯特创立的实验心理学就是以意识为主要研究对象，即研究心理物理规律、感觉过程、记忆过程等。他认为意识是研究心理事件的关键所在。他主要研究人的意识心理的活动与规律，阐述意识的整体特点，提出了支配意识活动的心理法则是由注意、统觉与意志来完成的。冯特于1879年创立了第一个心理实验室，主张以实验内省的方法来研究人的意识经验。他认为，复杂的意识心理活动存在三个阶段，即知觉阶段、统觉阶段与意志阶段。

冯特提出支配意识活动的心理法则是由注意、统觉与意志来完成的。他突出了“注意”与“意识”的关系，认为注意是指与统觉相联结的主观过程的整个领域。他还提出人的意识具有一定的范围，在意识的范围内有一个较小的中心区域是“注意的焦点”。这个焦点的心理和意识内容能够获得最大程度的清晰性，心理内容只有进入才有可能得到理解与把握。注意往往与统觉联系在一起，统觉的组合功能具有创造性综合的作用，使处于注意焦点的心理内容成为中心，从而形成复杂的意识状态。

意志是冯特提出的一个核心概念。他认为人可通过训练自己的意志来指导个人的注意。在他看来，精神分裂症可能是注意过程中出现故障造成的。一个人一旦失去统觉能力，他的思维可能会显得毫无意义。

他还提出了意识和心理复合的规律，即创造性综合原则、心理关系原则和心理对比原则。冯特的《人类与动物心理学讲义》等著作均代表了当时构造主义学派的观点，他为意识心理学的早期研究做出卓越贡献。

在20世纪中期，国际意识研究转变为行为主义学派占主导，以华生代表的早期行为主义认为意识心理都可归结为行为。行为是肌肉的收缩与腺体的分泌，可以归结于外在与内在的刺激与反应活动，并认为人与动物的全部行为都可以分析为刺激与反应。

早期的行为主义学派否认意识是心理学的研究对象，甚至把高级心理过程也归于行为，这种把复杂的心理现象简单化必然导致失败，后期新行为主义学派实际上否定了华生等拒绝意识的观点，间接地承认了意识问题的合理性与合法性。

20世纪50～80年代，认知心理学的崛起与人本主义心理学运动的高涨，使意识重新回到实验心理学的研究中，人类意识问题探研工作了有新的发展。

人本心理学通过对行为主义的批评，重新恢复了意识经验在意识心理学研究中的地位。但是，人本主义的意识经验不同于冯特的观点，强调人的意识经验是一个整体，与人们的社会生活有着密切的关系。同时，更关心健康人的意识世界，强调意识中自我的重要性，努力寻找人性的健康本质，丰富了对人精神生活研究。人本心理学研究认为，人都有意志自由、自我实现的需要，只要有适当的环境，人们就会力争达到某些积极的社会目标；人的意志具有选择能力，选择过程体现意向性。意向性是指意识朝向某一目标的指向性，而意向性的觉知与意识则是人心理活动的基本表现方式。意识是人存在的基本经验和事实。人的存在是意识到的存在，而意识则是人的存在的体现。20世纪80年代，著名神经生理学家艾克尔斯对神经元突触传递功能的电生理学研究，打开了人们认识大脑微观世界的大门，揭示了意识发生和活动的内在微观机制。

艾克尔斯提出“脑——意识相互作用学说”基本观点为，将意识视为人脑的功能和属性，强调意识活动依赖大脑物质的生理化学活动，否定了意识是超感觉的东西。他认为，人的意识是人脑通过神经元接收信息、处理信息、传递信息的过程。其次，他提出将人脑和人的意识看作是两个独立的实体，认为大脑与意识是相互作用的，但不是同一的关系。他指出，大脑的神经的生理活动是十分复杂的而多样的，其中既有大脑皮层与交感神经之间的交互活动，也有中枢神经系统的不同子系统的活动，还有神经系统与机体系统其他组成部分之间的活动。

另一位心理生物学家斯佩里提出的突现的意识与脑相互作用理论也曾蜚声世界、广为传布。斯佩里认为，不应将脑中突现的事件、意识事件等同神经生理事件。精神意识不能离开脑而存在，但物质世界却可以离开意识、精神而存在。意识心理对脑生理过程具有调节控制的影响作用，离开大脑活动的工作背景，或大脑的整体有序活动中的任何一个，意识效应也就不会出现。意识在整个脑的系统内没有特殊的定位。心理或意识在因果关系上反过来相互作用于脑的电生理学或生物化学。他在脑与意识的相互关系上，终于达到突出的相互作用论。他的理论强调了脑与意识的辩证关系，做出了唯物论的回答，同时认为精神、意识世界是在物质世界的基础上产生的，意识是在大自然的选择压力下产生的突现现象。人的意识与心理活动依赖复杂的大脑，但不能还原为大脑的活动。他的意识突现说在当时有相当多的人表示认可。

二、20世纪80年代后取得突出进展

20世纪80年代以来，一场前所未有的，从自然科学途径来研究人类意识问题的热潮在世界各地出现。由于高新技术、信息传媒、后工业社会、消费主义与游戏文化成为当代的特征，并主导这个时代。网络时代新知识与技术更新速度空前加快，物质生活的相对饱和需要有更优质丰富的精神意识来充实人的生活世界。以新的世界观、科学观与发展观重建人的精神世界、意识世界，顺应了当今时代发展的新潮流。正因为如此，人类意识问题

成为当代自然科学研究的一个前沿领域，并呈现新的发展趋势。探讨研究的重点内容、问题类型，以及研究方法与技术，都发生了很大的变化，实验研究与理论探讨迈上了一个新的发展平台，为意识问题理论建设提供了良好的机遇。

在这个阶段，国内的许多学者从认知神经学与实验研究探讨人类意识问题出现一个良好势头，在实验技术思路与方法上与国外研究水平基本上是同步的，相比之下，国内的认知心理学理论界对意识问题还鲜有系统而深入的探讨。注重认知心理学实体理论层面进行分析研究，提高理论自觉性，减少盲目性，为意识心理学实证研究的不断丰富与深化提供有意义的学理支持，因此许多研究开始转向人类意识这个精神问题的探求。

综合这个阶段研究新进展，特别是意识的结构、功能与机制问题主要有以下几个方面较为突出：

1. 意识主观信息结构

科学研究认为，意识是人的大脑物理、化学、生理结构及活动基础上形成的整体性的主观信息世界。意识有它自身主观信息结构，可分为三个层次，即一是要素层，由感知觉、表象、记忆等活动及材料组成。二是内在形成层，由意向与概念、判断、推理的逻辑组成。三是外在形成层，即语言。上述三个层次共同构成了人的思维活动，而意识活动正是存在于思维之中。同时，许多实验现象表明，意识与觉醒相联系，意识活动都有一定内容，在意识过程中还伴随意向与情感。这也说明意识的结构要素三个部分，即意识觉醒、意识内容、意识意向与其感情。意识的结构层次还可从它的结构功能作用方面考虑分为感性层、知性层与理性层三个层次。意识产生于感知，形成于注意和记忆，活动于思维与想象。

2. 自我意识与知觉觉察之间的关系

自我意识与知觉觉察之间的关系是意识怎样进行具体活动的一个焦点性问题。科学研究认为，觉知性是人类意识最基本特征，意识的核心与本质是“觉知”。就意识的信息加工的认知理论来说，人类对自然世界的知觉或许是最为古老的意识模式。因此，最基本的意识概念是觉知。或者说，意识问题相当于“认识到”，而“认识到”最明确的表现在觉知或觉察。意识就是对外部刺激和内部心理事件的觉知感与知晓感。

意识觉知可分为：感觉觉知、概括觉知、有意识回忆的觉知等。任何意识活动都包括对外部的世界、心理的表象或感受的意识。有意识知觉与无意识知觉两者对比实验发现，刺激特性不变情况下，刺激性增强可以使一个刺激知觉水平由无意识转为有意识的程度，单纯提高注意的水平，也可以使一个刺激的知觉由无意识上升为有意识状态。意识觉知一个重要的基本特征即能够觉察意识活动的结果，而觉察不到意识产生的过程，觉察多属于意识的知觉。

3. 自我意识的功能作用与生理机制问题

自20世纪90年代出现的进化主义学派提出意识的认知行为模式。他们认为，在生物学的基础上，主张大脑不是计算机，人脑的每一部分都是特异化的，并且是在相互作用中完成的一种整体的活动。他们还持有“情境认知”的观点，提出人为了有效活动，人脑不仅需要身体，还需要周围世界。认知实际上是人脑、身体、世界三者互动的结果。在大多数的情况下，认知主体不是以一个内心模型来表征世界，而是直接用世界自身作为世界的模型。人脑、身体与周边世界之间的互动关系可视为一个动态系统，其原理与其他物理、化学系统相同。他们认为，对情境认知的重视是与一种关于人类认知结构基本性质的新观点结合在一起。这种新观点不是将人脑与计算机等同起来，而是集中注意人类思维的演化起源。它的中心思想主张人类之所以具有现在的认知能力，是因为它们在过去对人类的生存繁衍有用。这种进化主义观点将人脑看成为一个自行组织系统，反对将人脑类比计算机程序。他们一直坚持认为，大脑中通过大量简单神经元的交互作用，一个复杂的、调节合适的系统在人脑中“突现”。认知可以看成是一个复杂的并行处理的整体。进化主义学派还有一个明确的大胆观点，即认为意识不需要有奇迹也可以理解，就像达尔文的进化论观点，可通过生物的变异来完全理解纯粹的自然现象一样，也可以开始将人的自我意识或意识经验视为一种重要的生物的多重适应功能。

这里重点介绍进化生物学家、理论神经科学家卡尔文直接以进化的观点解释有关人的自我意识生理机制问题。卡尔文首先提出意识运作机制的实质就是一种达尔文过程，即“时空模式”的复制过程。这种运作机制体现在大脑新皮层上的稳定机制的指挥与控制。卡尔文指出，人脑的神经元是一种以多频率的生物电脉冲信号进行细胞内的信息传导，以多媒质、多数量的突触化学反应细胞之间的信息传递的复杂系统，因而神经细胞膜及离子通道、神经递质、生物运作电位与电脉冲频率等内容，便成为人的意识、经验、与知识在大脑中的结构动力的表征。大脑皮层活动的精确机制是一种达尔文过程，在时空模式的复制竞争中取胜而占领“工作空间”。人们的意识活动都是由神经元活动的时空模式决定的，它遵循着“胜者为王”的运行模式。他提出大脑的达尔文过程是一个复杂序列的大脑生理机制，这种序列化的大脑生理机制主要发生于人脑皮层以及基底神经节或小脑。同时，神经达尔文过程基本上倾向于从生物基本现象——繁殖开始拷贝复制并在不断地进行之中。

由于这种生物脑部活动方式中还无法区别出动物脑与人脑的本质性差异，因此卡尔文提出，这需要从生物性与文化属性相结合的角度理解大脑与意识之间内在活动的机制。卡尔文认为，从脑皮质的进化发育来看，人脑额前叶新皮质从出生后发育速度最快，容量增加最多，而动物脑皮质则基本上变化不大。因此，额前叶可能是一处“文化皮质叶”，作为理解人类意识生物机能的主要内容。从大脑的信息加工方式而言，动物只能进行直观的表象加工，而人类大脑却具有表象加工、符号加工与虚拟加工等反映形态。人类借助语言、语义与逻辑概念等独特的文化力量，建构起内涵丰富的而又精微无比的第二信号系统，发挥自己的意识主观能动性与创造性。因此，人脑是以其独特文化属性而超越了动物脑。文化性与社会性是人脑区别于动物的主要客观指标及内容。

进入21世纪以来，人们已将对大脑神经活动的认识推向细胞与分子水平。一般认为，神经元是人脑与整个神经系统的基本结构与功能单位。人脑约有100亿个神经元，每个神经元通过树突（短的神经纤维）与轴突（长的神经纤维）与30000个神经元互相连接，大脑中约有10^{15}个结点，能够形成数量庞大的神经网络。树突接收信息，而轴突则是传递信息，通过突触（神经元之间传递信息的重要结构之一）建立信息通道。人的思维活动过程就是突触的一次修饰过程，也是新突触形成的过程。

神经元之间的信息传递，基本上是一种生物电化学过程（这也是一种探讨性假设），在轴突细胞膜内侧与外侧的液体中，存在着大量的钠离子与钾离子。由于细胞内外离子数的不同，就形成了正负不同的轴突电位。电位波可以象导火线一样在“负—正—负”的翻转变动过程中前进。信息的传递可以通过电位波的频率编码来实现。在这种神经冲动传递过程中，许多化学物质参与其中，如胆碱类、单胺类、氨基酸类与肽类等多达百余种。由于化学物质的多样性，编码系统的复杂性，使大脑的信息传递呈现出无穷无尽的组合方式。

生物电化学过程的思维运行机制虽是一种探讨性假设模式，但与人工智能的逻辑线路有根本区别。人脑比电脑要复杂多少万倍。例如，一个幼儿一眼就能识别自己妈妈，不管她的服饰、发型有很大变化，这是任何一台最先进的电脑都无法企及的①。

人脑的思维过程是大脑的机能与属性，绝不是超自然的神秘过程。最近，创制出具有高度时空分辨率的现代脑成像技术使科学家能够在不损伤大脑的情况下直接探查正常大脑认知活动，有力推动人类脑功能的研究。脑与认知科学的研究范围，已包括神经系统内分子水平、细胞水平及细胞间的变化过程，也包括知觉、学习、记忆、推理、语言理解、知识获得、注意、情感等统称为“意识”的高级心理现象。这都为探索研究大脑思维活动中各类信息运作过程开辟出一条新途径。

脑与认知心理学新的研究认为，探索复杂意识心理与思维活动需要采用计算机模拟的方法以及计算机模拟实验，这在方法论上具有突破性。然而，尽管找到了新的方法，至今仍不能完全恰当地解释复杂多变的意识心理与思维活动。目前，依据基因遗传新的理论，意识思维与认知活动信息加工处理的理论在学界被普遍接受，人们开始从信息学的角度或层面研究意识心理活动。这

① 夏甄陶，李淮春，郭湛．思维世界导论——关于思维认识论考察[M]．北京：中国人民大学出版社，1992：111.

主要是因为发现人脑思维活动与计算机信息加工处理过程在逻辑上具有相似性，都是以“输入→信息加工处理机制→输出”为基本模式的符号操作系统。这个系统将所有接收的信息当做符号系统，包括语言描述的现象和理论。人的认知过程大体可以包括信息输入、加工、输出反馈、监控调节等若干环节。在整个过程中，意识贯穿始终，对各个环节进行参与和调控。

这里，再列出两种这方面的理论见解。一种是将意识思维定位于人脑中的信息加工处理机制与信息变换理论，认为“意识思维是发生在人脑里的信息变换，人脑是一个特殊的信息变换器”。另一种则认为，意识思维的过程，就是一种信息转换、加工、分析、存储、输出的过程[①]。

三、意识研究面临新课题、新挑战

科学探索研究人类意识问题，虽已取得不少值得关注的积极进展，积累许多丰富的，甚至令人激动的成果，尤其是计算科学与认知科学整合心理学、神经科学、语言学，以及人类学等学科的成果，也包容了由计算功能主义思想及模拟所带来的整合、汇成一个新的技术途径。然而至今还没有获得重大的突破，当前正在为寻找新的描述意识现象的途径进行积极的准备，为新的探索研究迈出新步伐。

人类意识探索研究仍依赖生命科学与计算机科学发展的巨大推动作用。当生命科学对于人脑与器官系统信息接收、加工与储存的认识水平达到了一种新的高度，才能会对大脑思维及产生意识这一个人类重大理论奥妙问题提供更为精确的回答，也才能在深层次上开辟人类意识问题研究新的技术领域。同时，还要进一

① 田运.思维科学[M].杭州:浙江教育出版社,1988:14.

步融合计算机科学、认知科学等领域具有操作化、工程化的研究成果。如果没有这些学科成果的支撑，那么人类意识问题的研究就很难深入展开。现在高性能的计算机正不断进行升级换代，但距离仿真性模拟人的意识与思维活动还相差甚远。

目前研究方法有待取得新进展。实验研究对意识的觉察、记忆等方面取得了一些进展，但对于感受性、思维、创造性等较为困难的问题仍显得力不从心。一是对环境刺激进行分辨、概括化反应的能力；二是心理状态的可报告性；三是集中注意力；四是行为的深思熟虑的控制；五是清醒与睡眠状态之间的区别。另有一些意识方面的困难问题，涉及大脑物理与化学及生化过程是如何引起主观意识感受的问题，其多属于关于内在的经验方面内容。这些问题即使与意识有关的生理与认知功能都搞清了，仍然会有一些问题。这些问题主要有以下四个方面：意识经验、经验的主观性特征、心理状态质的特征、主观性与客观性统一障碍。实证经验是获得一般性知识的重要来源，但不能描述整体性质，只能测量可观察的对象，不能测量观察极限以外的对象。对于困难的问题与较为容易的问题两者尚缺少有效整合策略。随着实验技术的完善，这些意识研究的困难应该可以克服。

研究人类意识问题必须促进科学观的提升或转变，特别是要转变旧科学观那种机械论、还源论与因果论，树立有机论、整体论与价值论，才能进一步构建研究与理解人的存在的理论。

人类自我意识思维功能具有自主性能力，同时还有主体性特征，这种自我意识体系信息运作模式实际运行机制至今仍无法以实验方法验证，仍然需要继续探索研究。

总而言之，关于人类意识问题的探究虽已由前人做出很大努力，取得许多重要进展及实际成果，但是目前由于人类科技水平所限，科学实验条件仍跟不上实际研究需要，因此仍面临新的课题与新的挑战，让我们为人类意识课题新突破而共同努力！

附表：人类及人类意识产生与进化路线表

地质年代		距今时间	各类生命体出现顺序	人类及人类意识进化途径与原因					
				各类意识出现顺序		生物属性特征	社会属性特征	进化原因	
新生代	第四纪	260万～10万年	人类	人类意识	思维功能随进化程度趋高而趋强	大脑重达1450克，额叶皮质占整个面积32.8%	语言文化与社会文明	基因遗传与社会传承机制，并体现社会统一性特性作用	社会传承进化作用机制随着它们进化程度趋高而强化
	新近纪	2330万～260万年	古猿	猿类本性意识		猿脑重达420～500克，额叶皮质占比17%	上下等级关系、共处行为明显	基因遗传与社会传承机制，并体现生理统一性特性作用	
	古近纪	6500万～2330万年	灵长类	动物生命意识		脑重量低于420克，额叶皮质占比更小	情绪感应及悟性学习能力	基因遗传及进化作用机制，并体现生理统一性特性作用	
中生代	白垩纪	1.37亿～6500万年	鸟类			飞行，卵蛋生殖。动作灵敏	模仿性学习能力		
	侏罗纪	2.50亿～1.37亿年	哺乳类 爬行类			哺乳类胎生，喂乳。爬行类均为卵蛋生殖，动作迟缓	学习性能力低弱		
	三叠纪								
古生代	二叠纪 石炭纪	3.54亿～2.50亿年	两栖类			水陆两栖生活，陆上体外受精	学习性能力很低弱		
	泥盆纪 志留纪	4.38亿～3.54亿年	鱼类			水中生活，水中体外受精	学习性行为微弱		
	奥陶纪 寒武纪	5.43亿～4.38亿年	海生无脊椎动物			类脑、简脑类	学习性行为少见		
元古代	震旦纪	25亿～5.43亿年	单细胞与多细胞	原始生命信息作用		无脑，显现趋向性、应激性行为	—		—
太古代	—	46亿～25亿年	原始生命体			初现应激性行为、新陈代谢能力			

人类意识进化

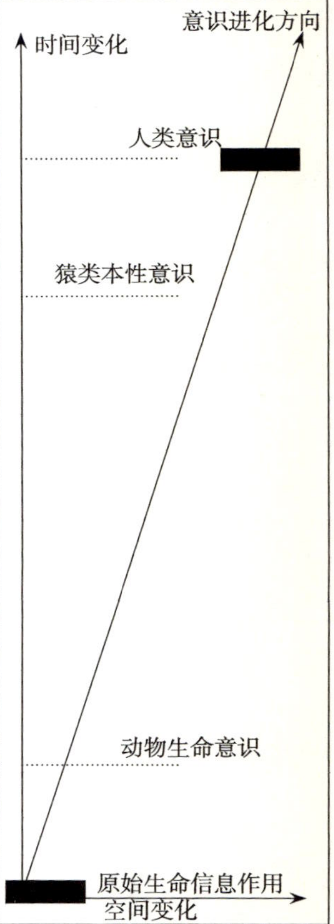

注：1.本表所列全为动物生命体进化状况，显示随时间、空间变化而发生的进化。
2.各个地质年代动物及人类出现，引自：蒲济林，李永嵩. 地球科学概论[M]. 北京：现代出版社，2016:62.